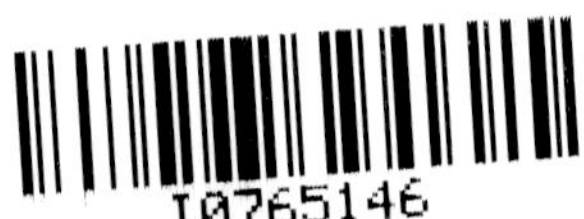

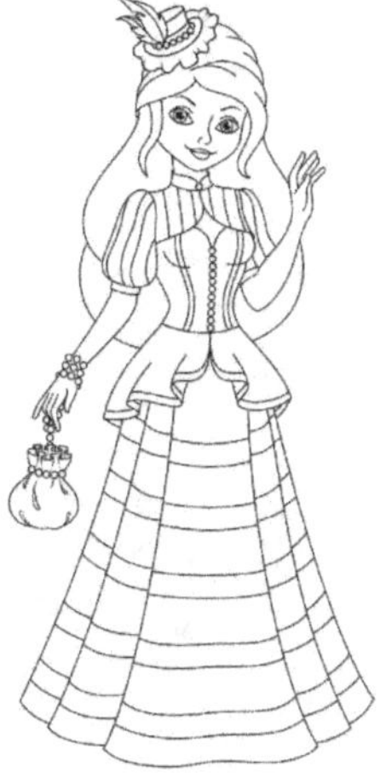

Je m'appelle

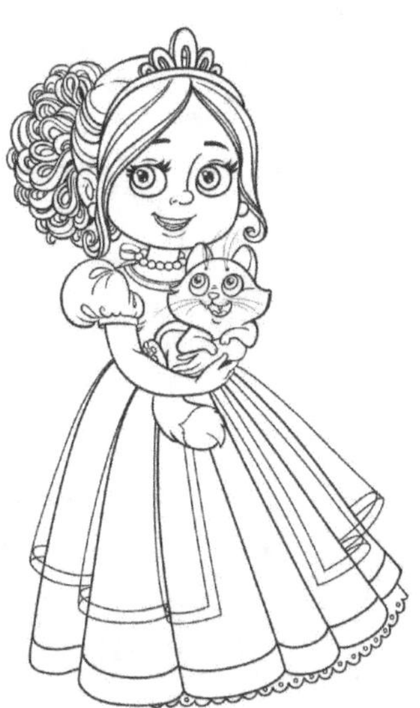

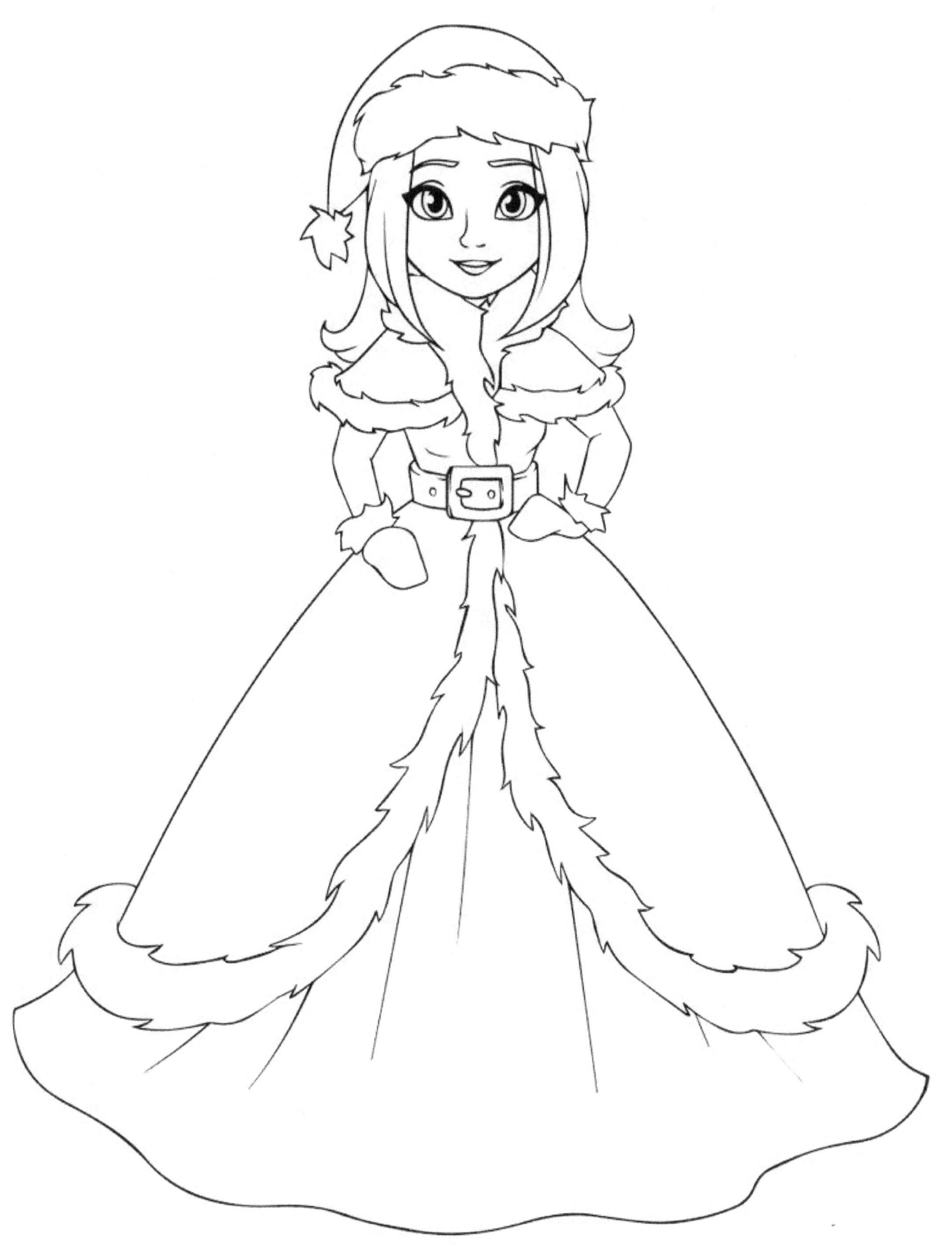

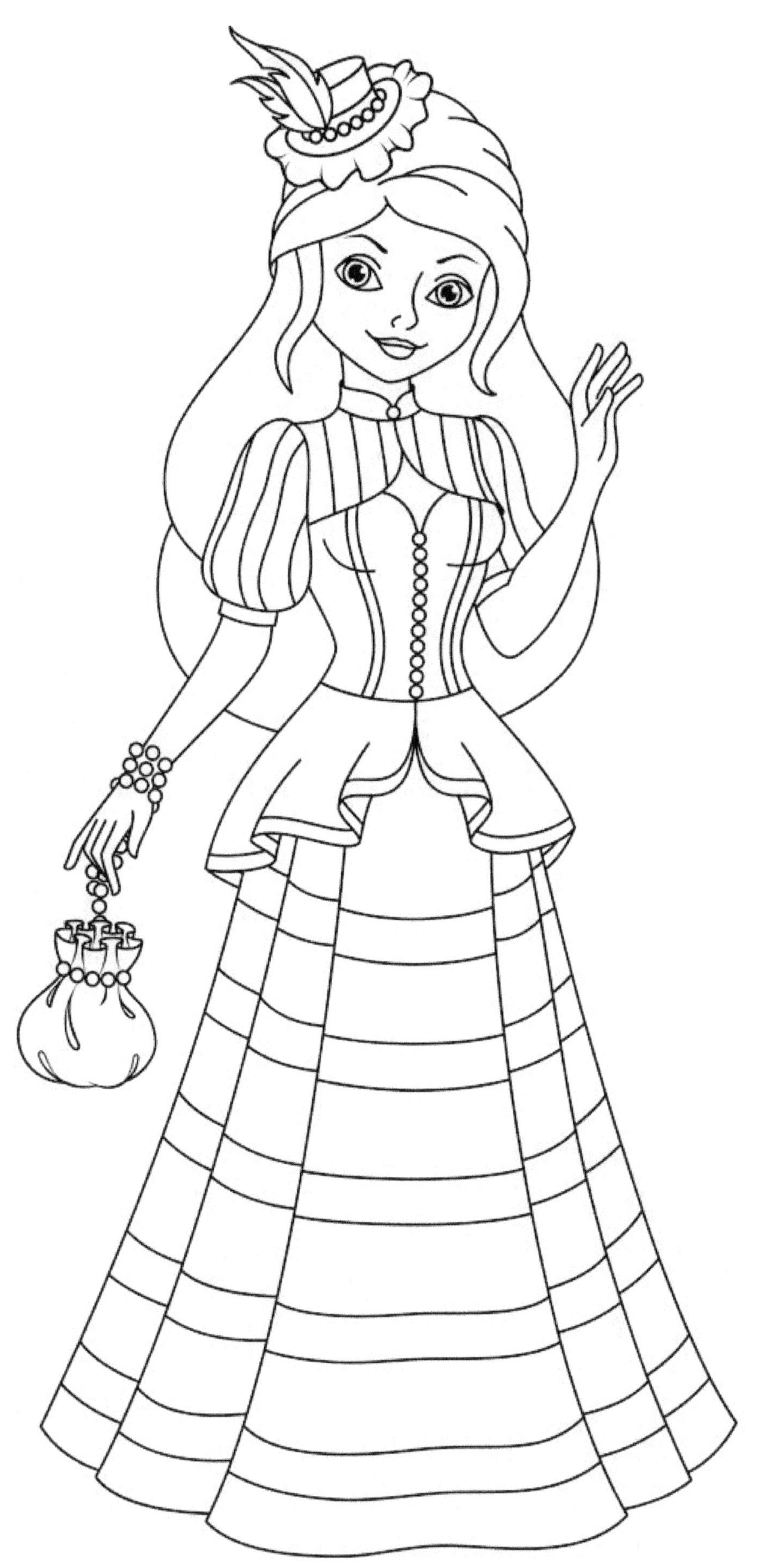

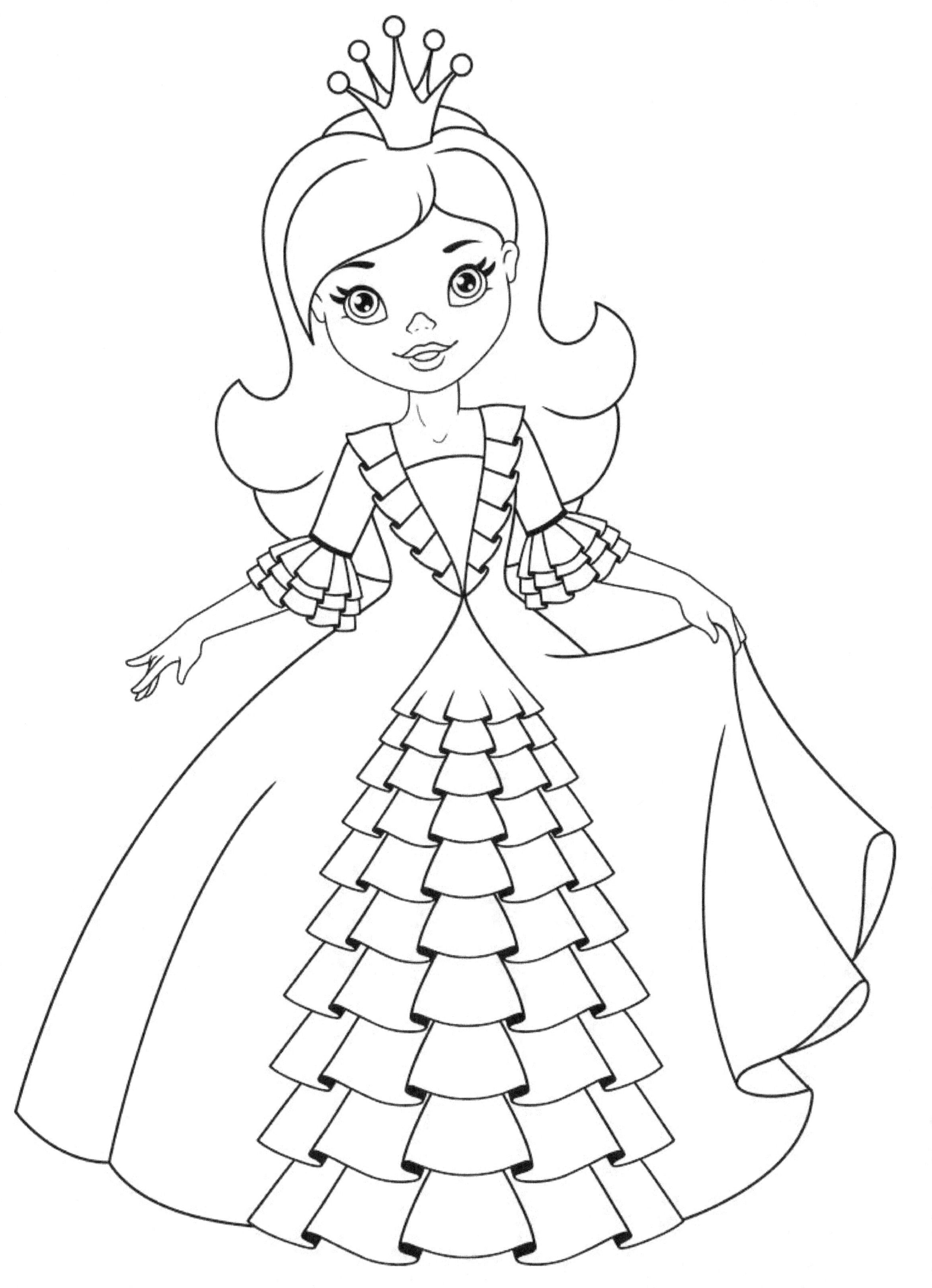

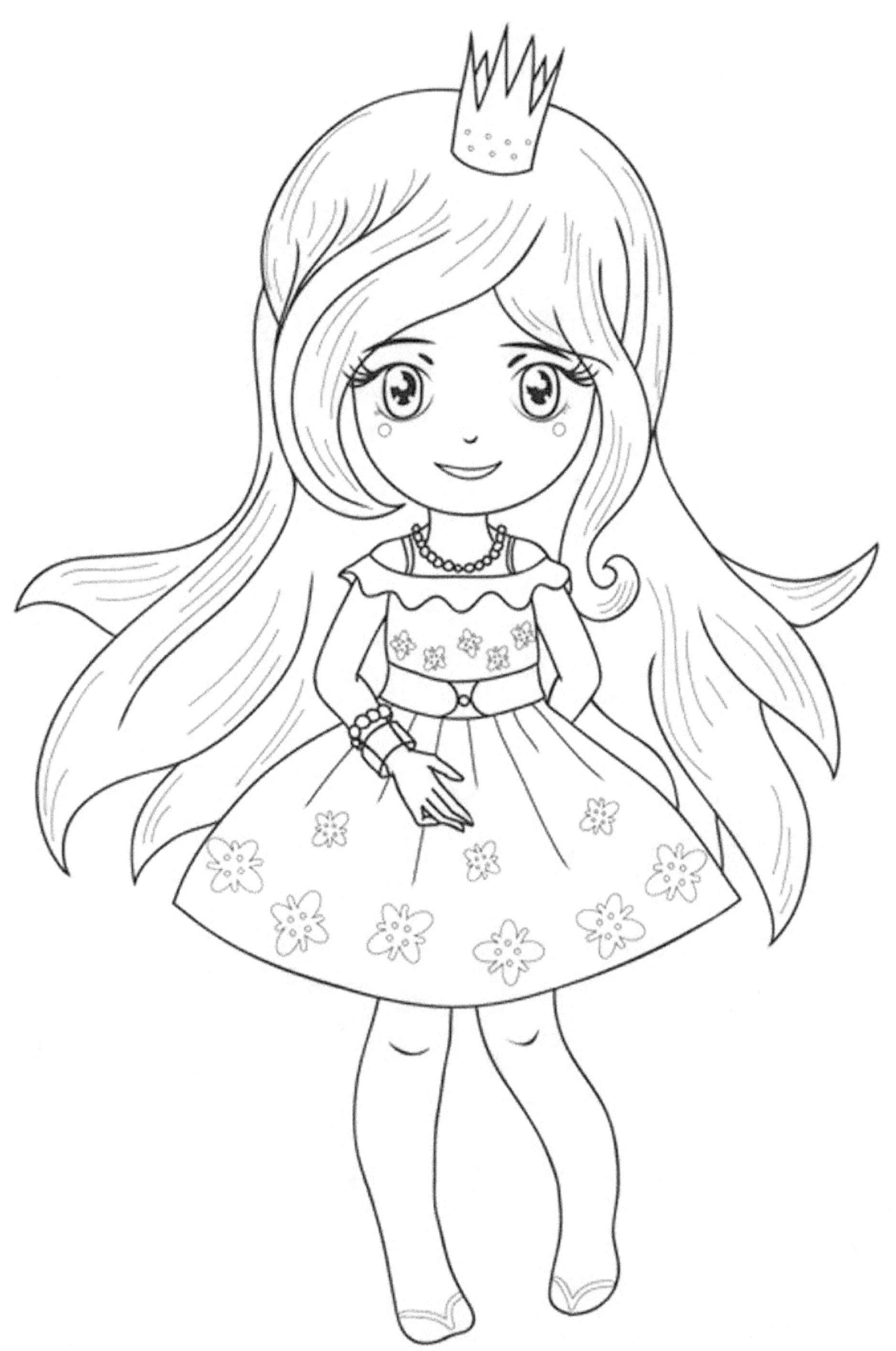

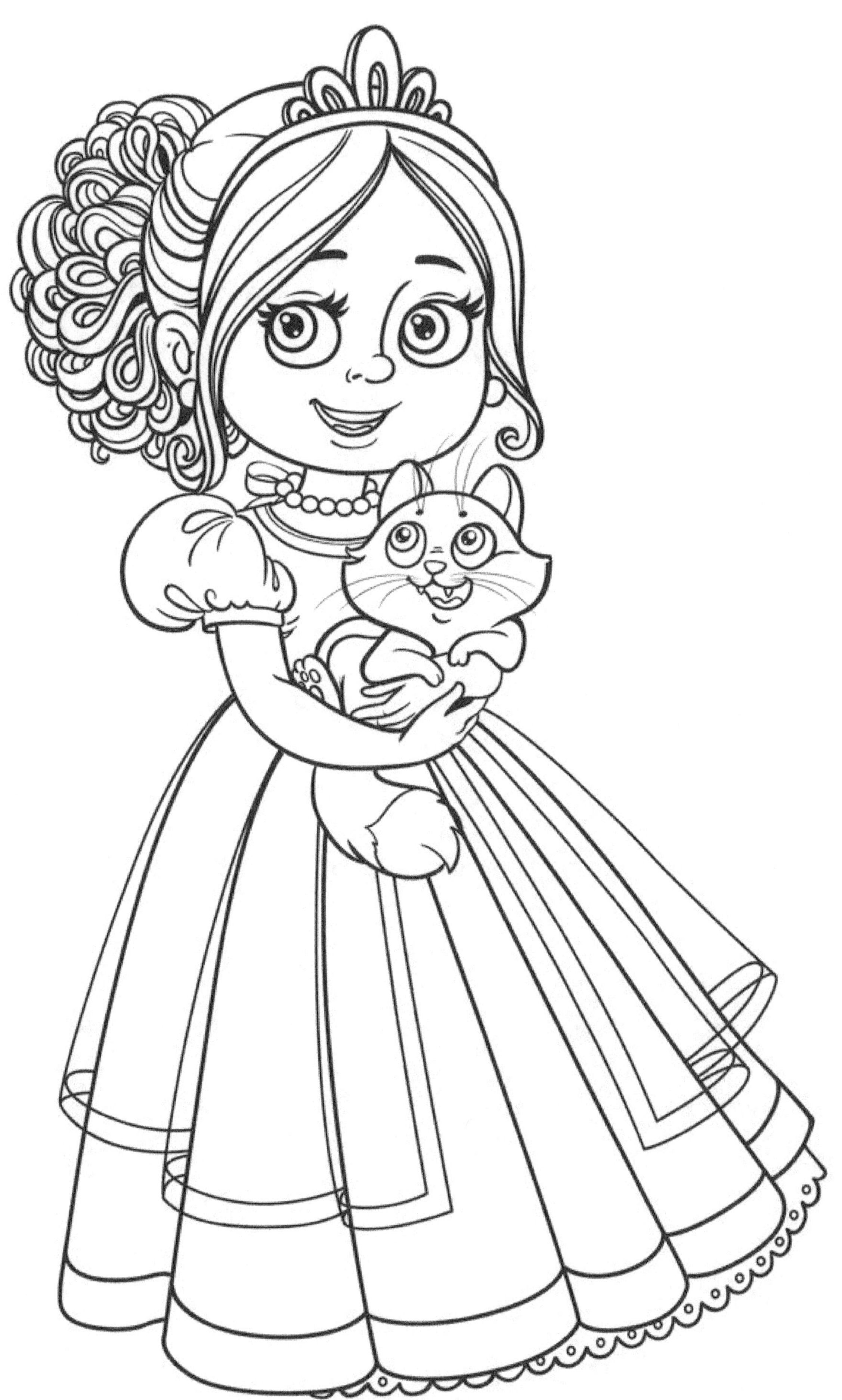

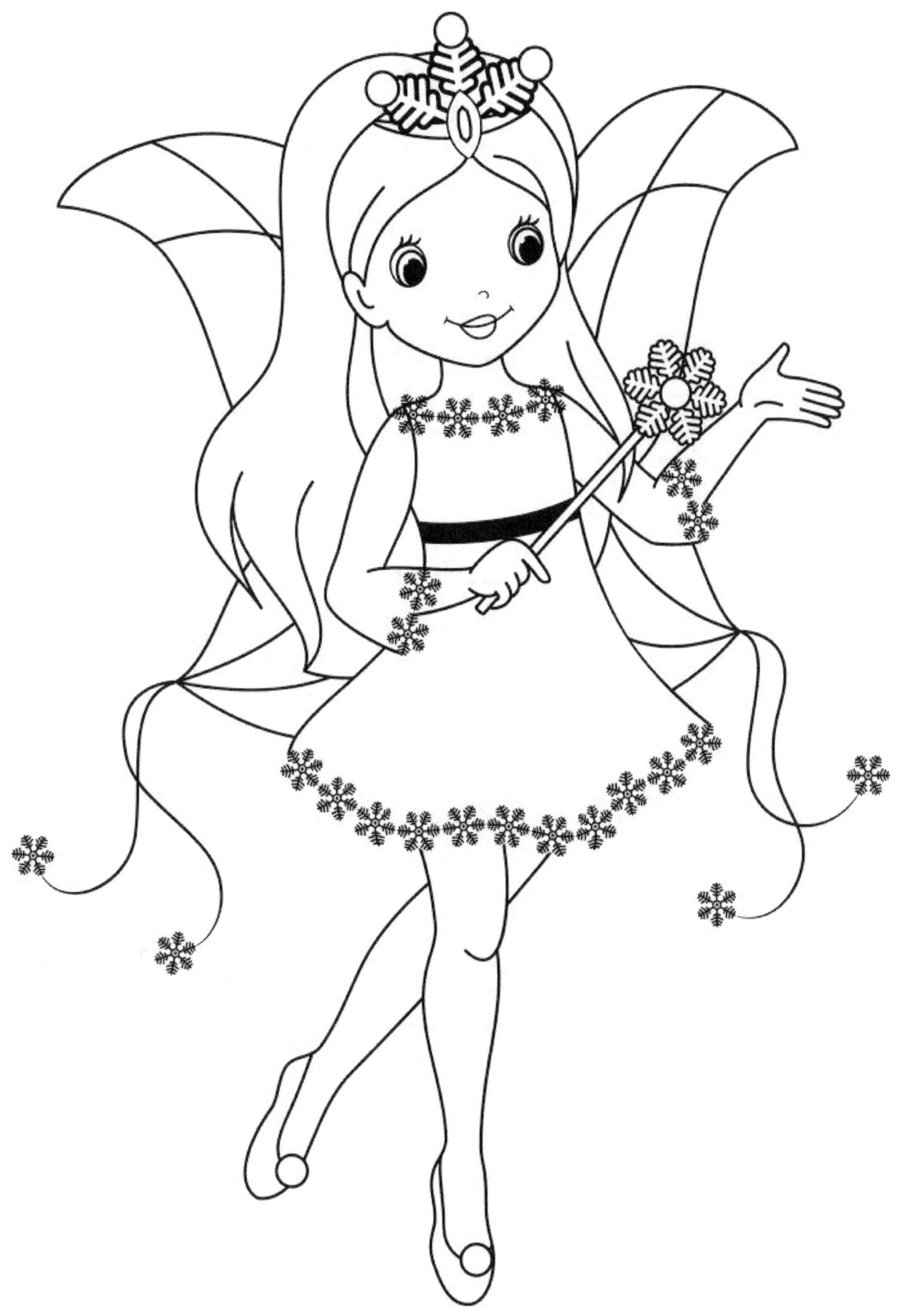

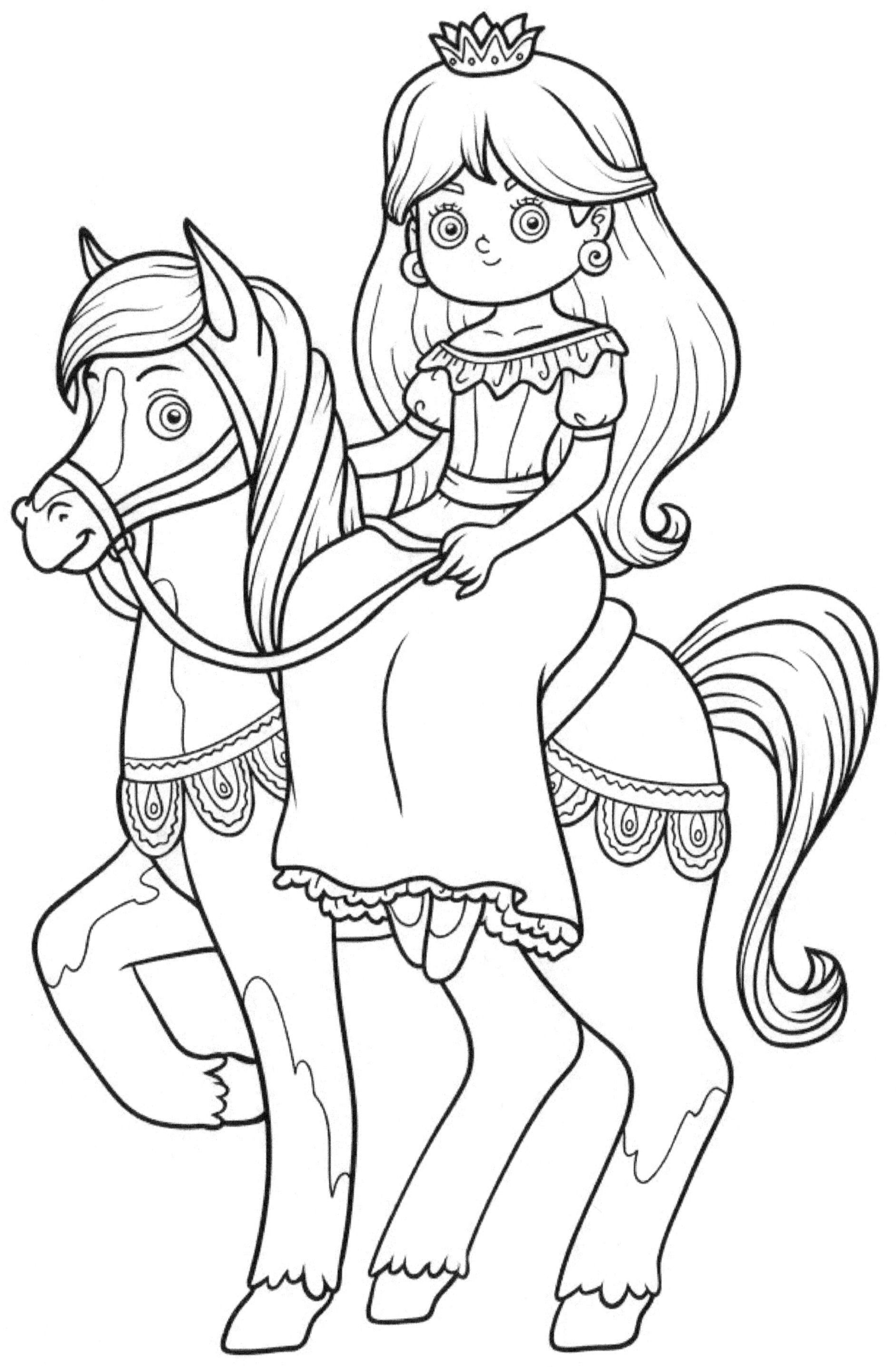

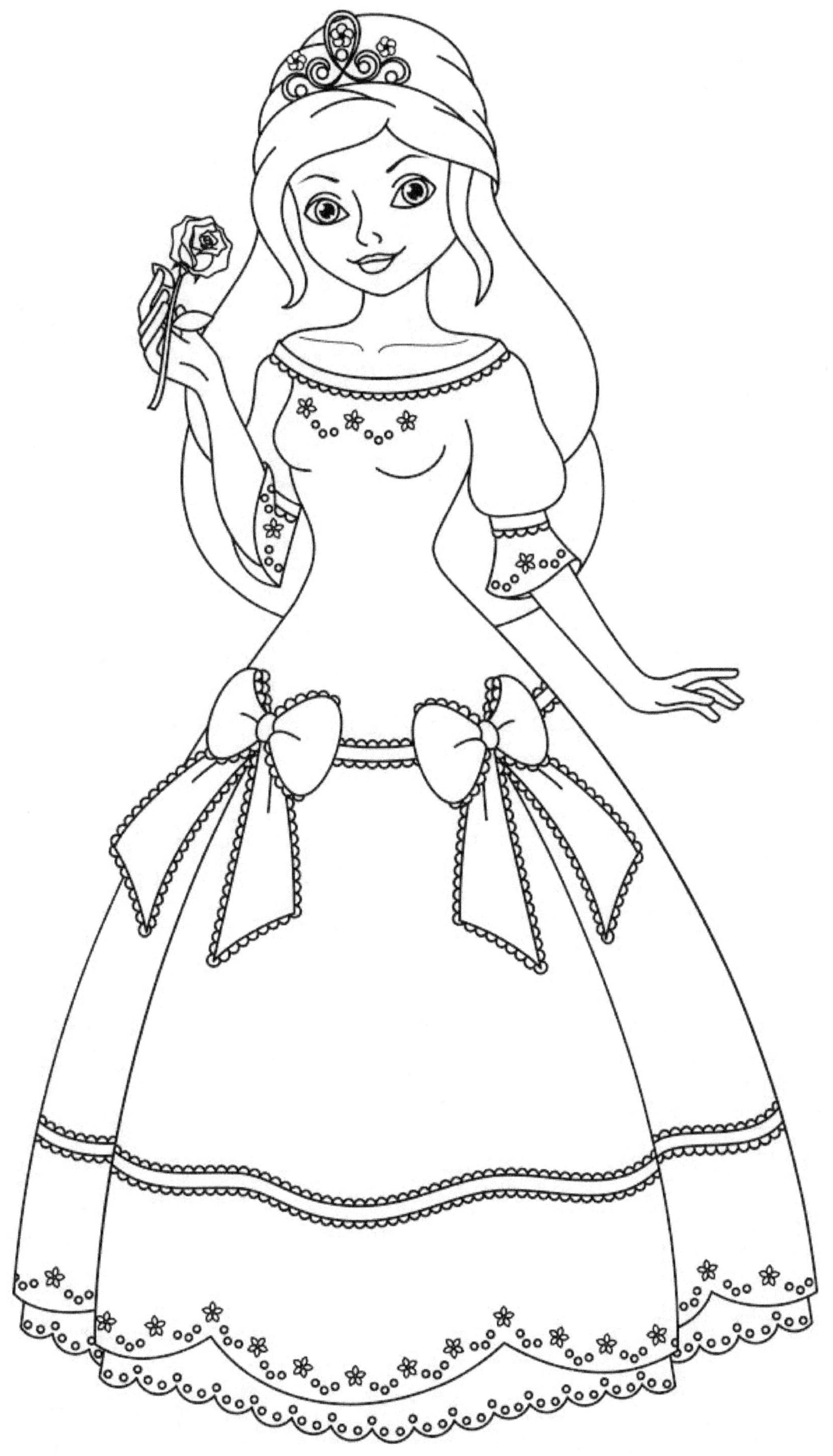

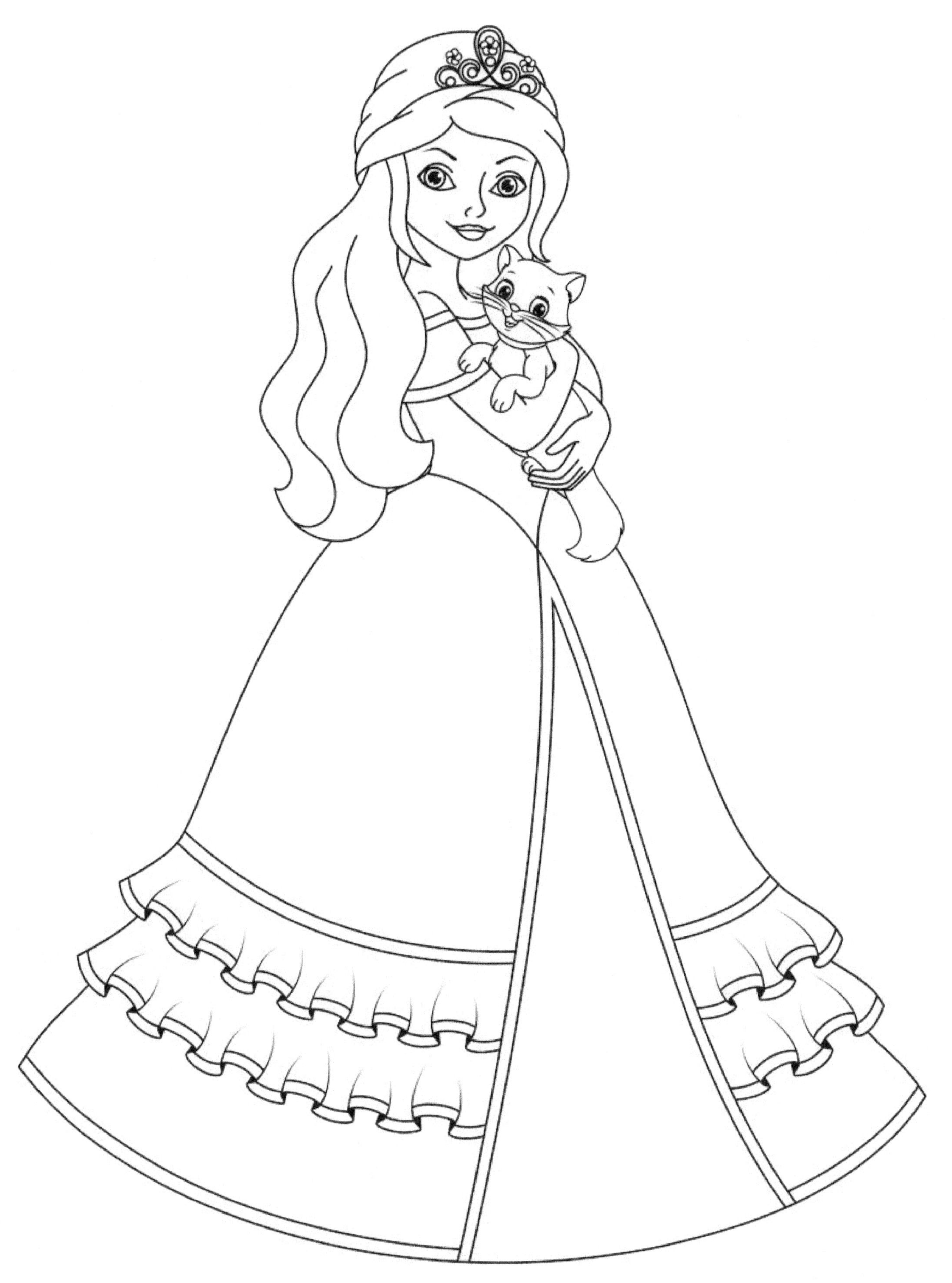

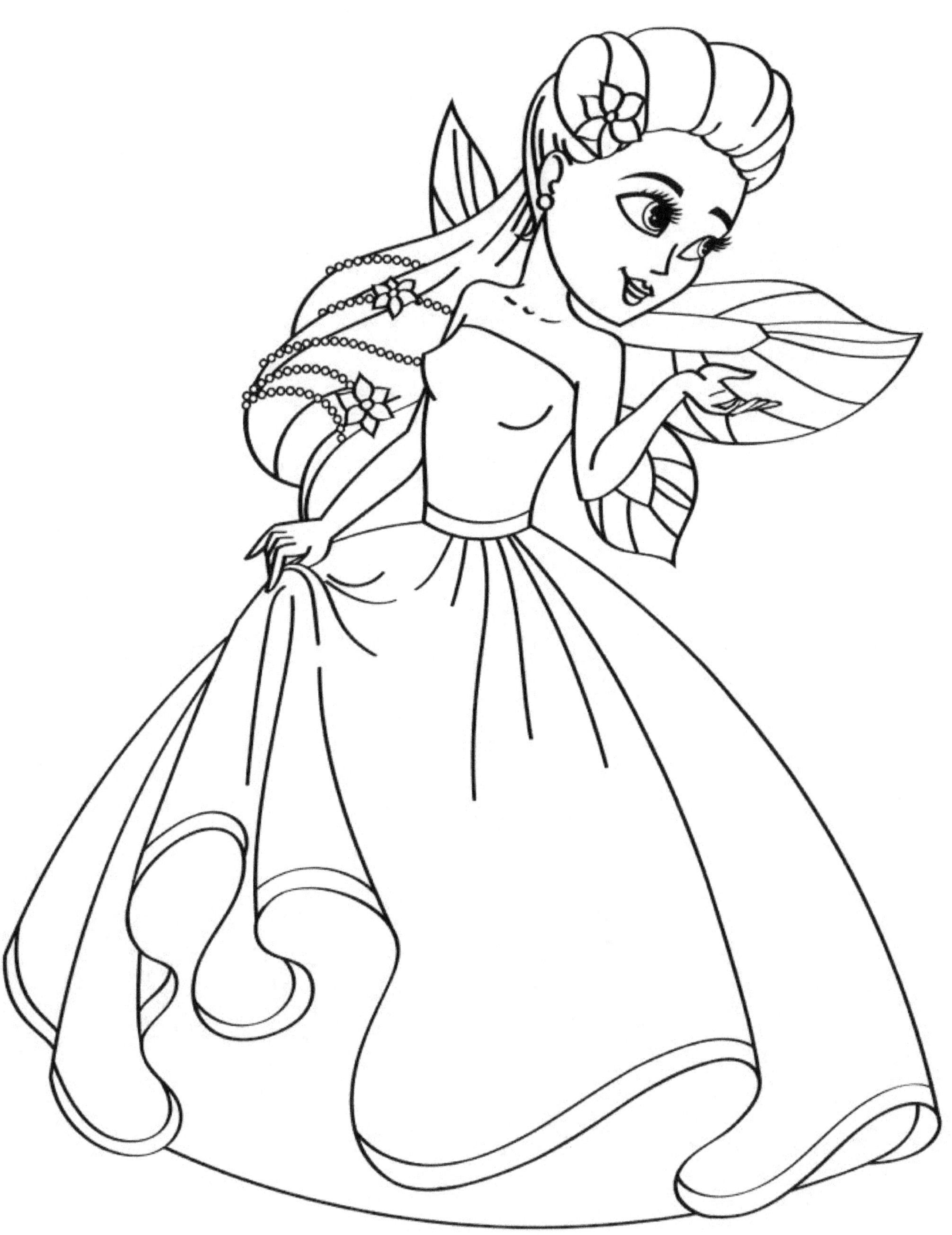

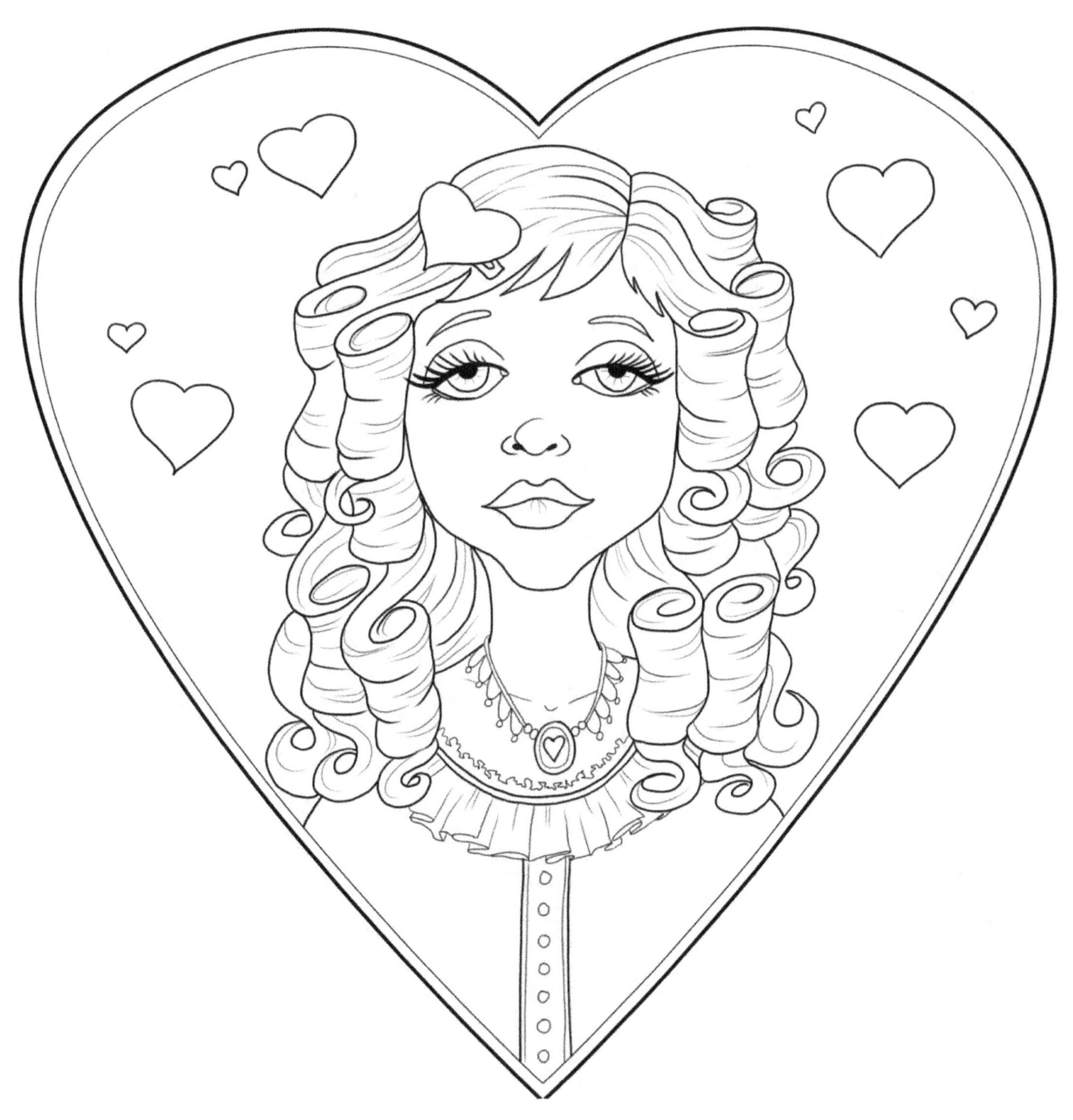

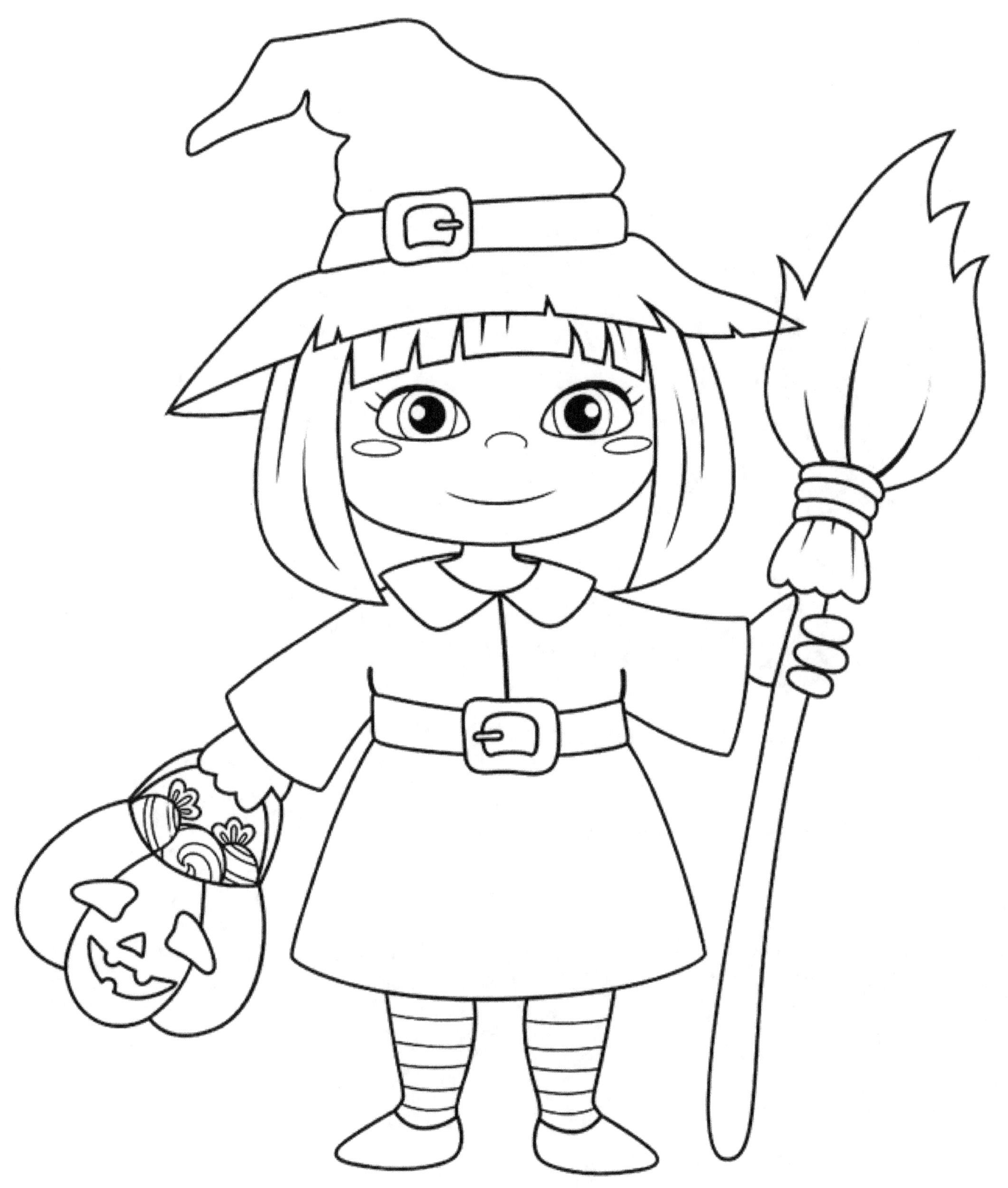

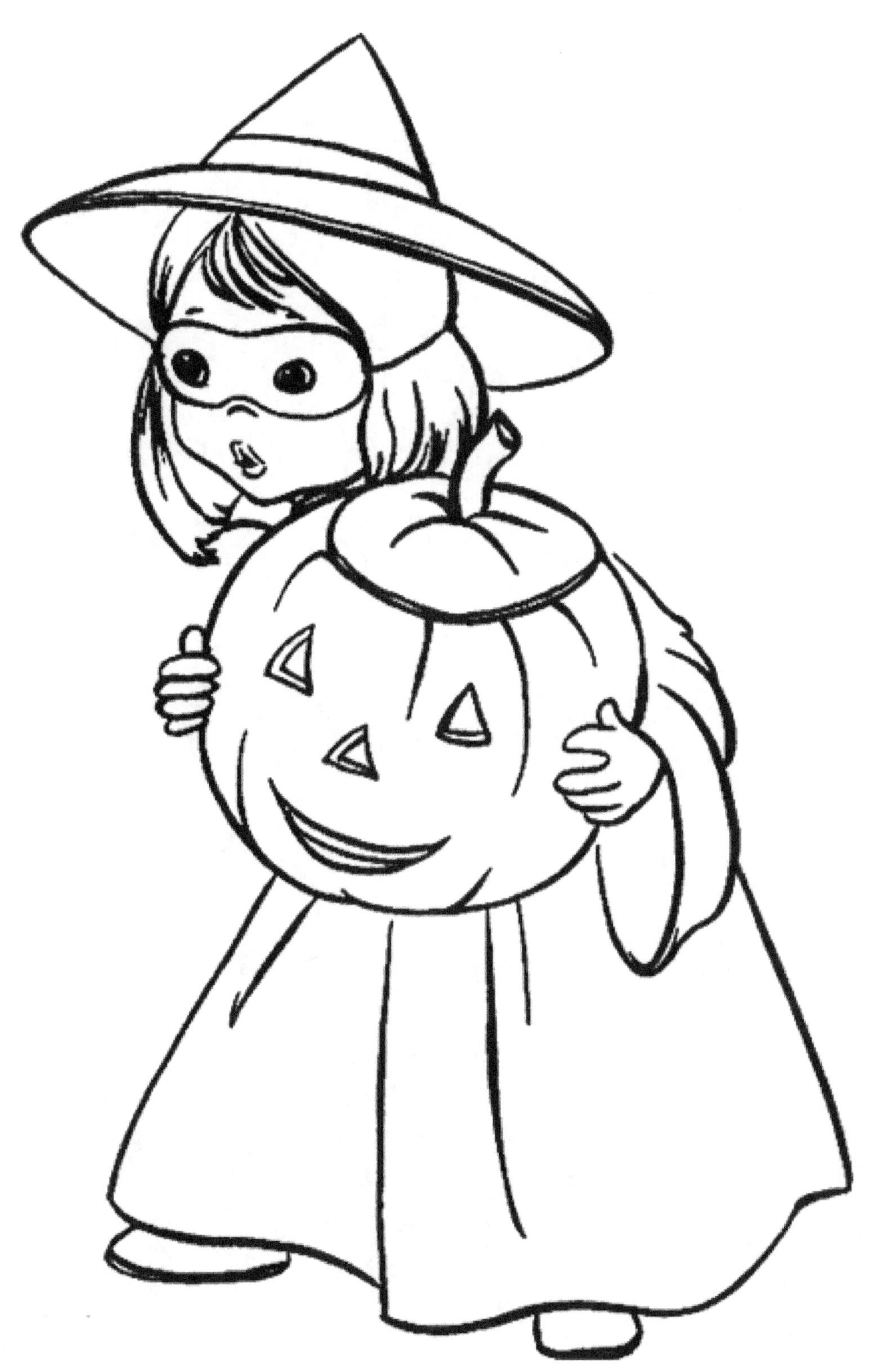

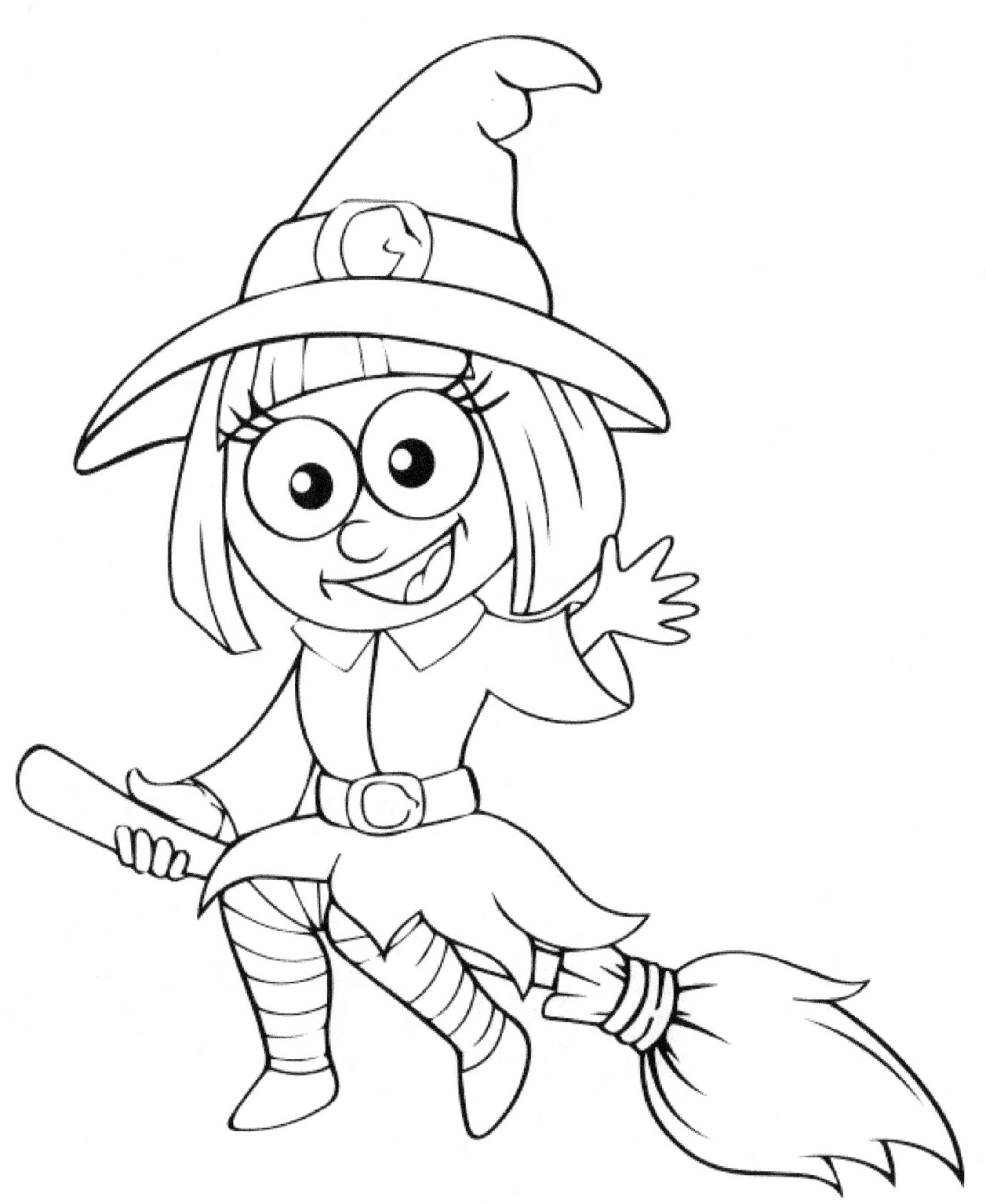

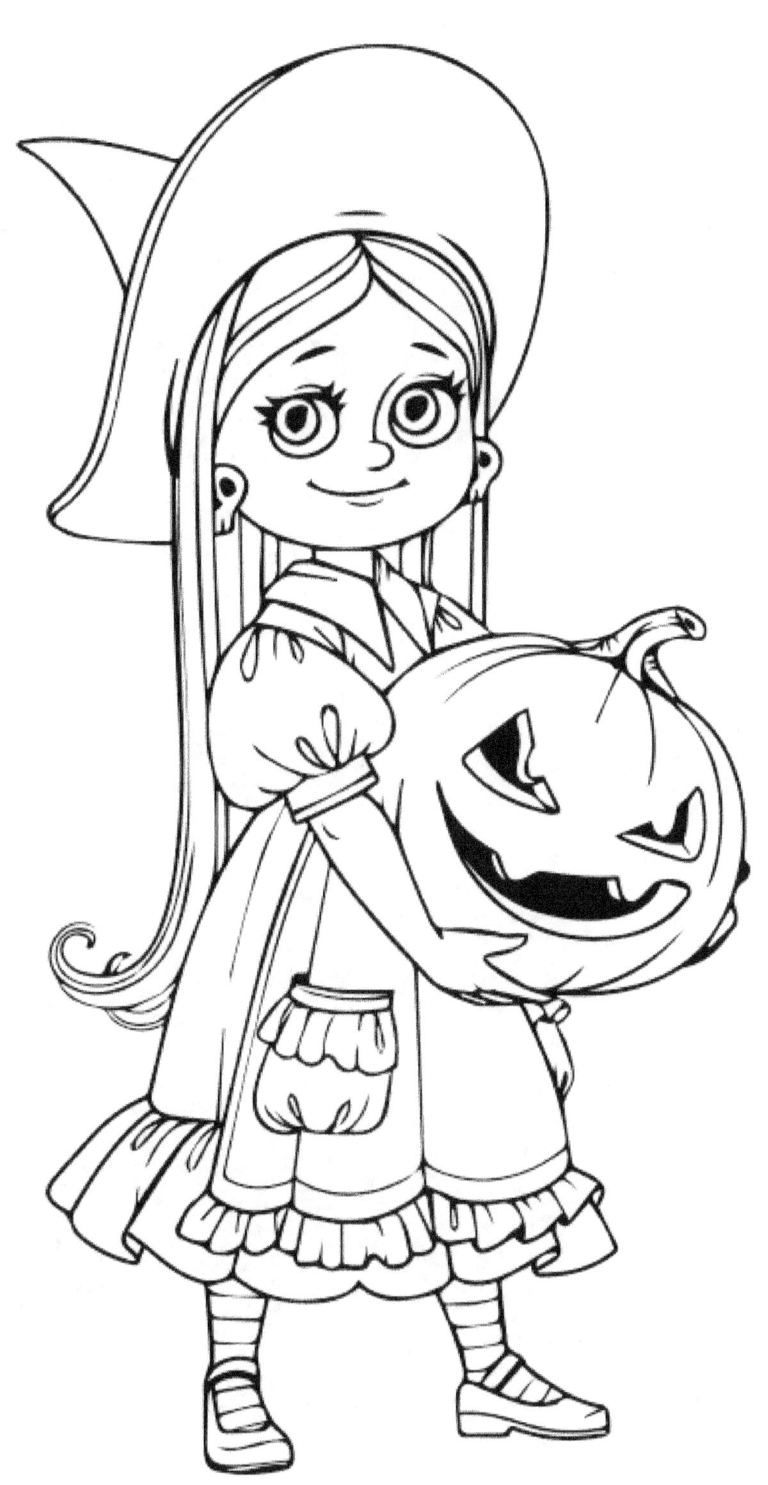

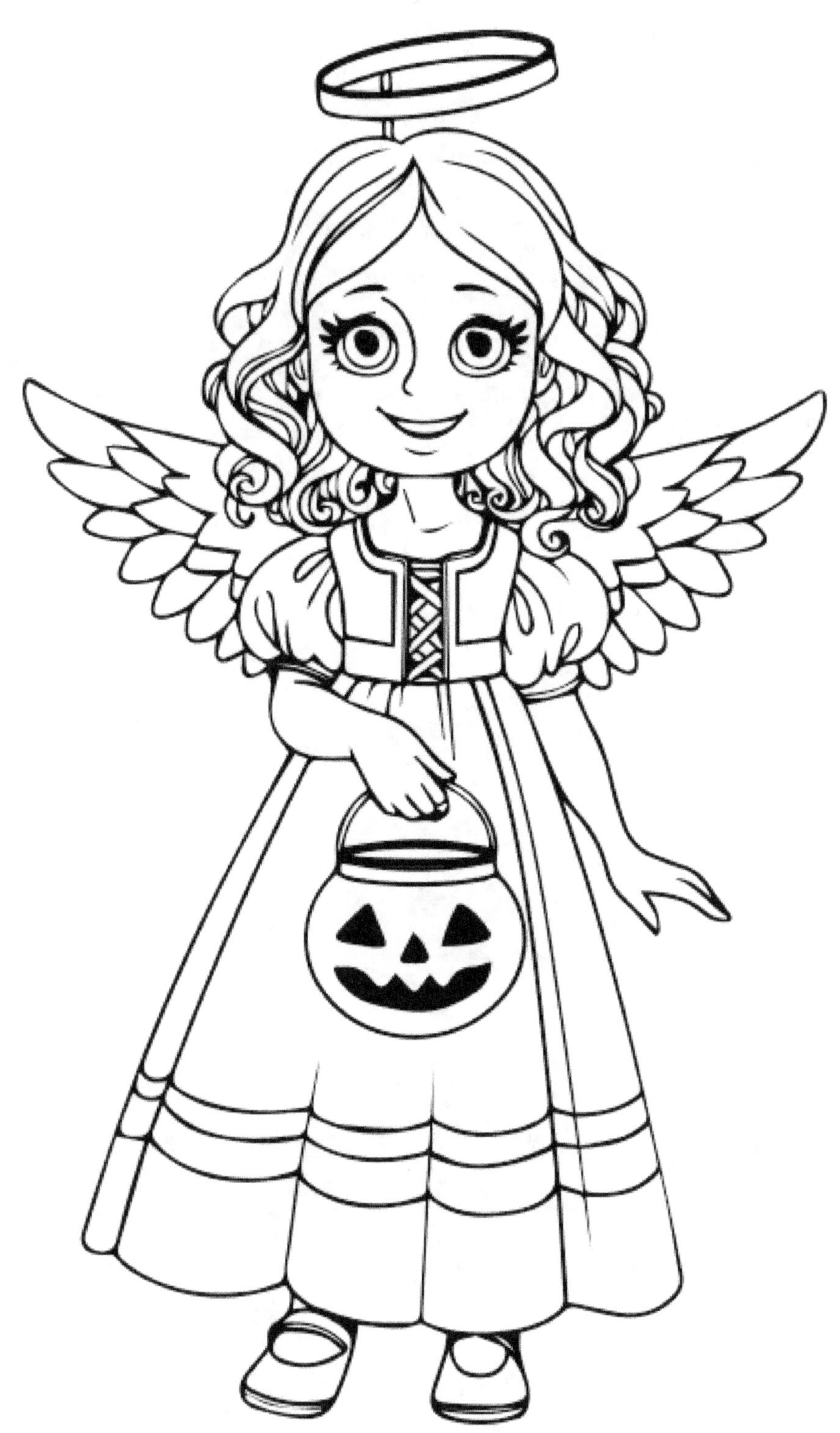

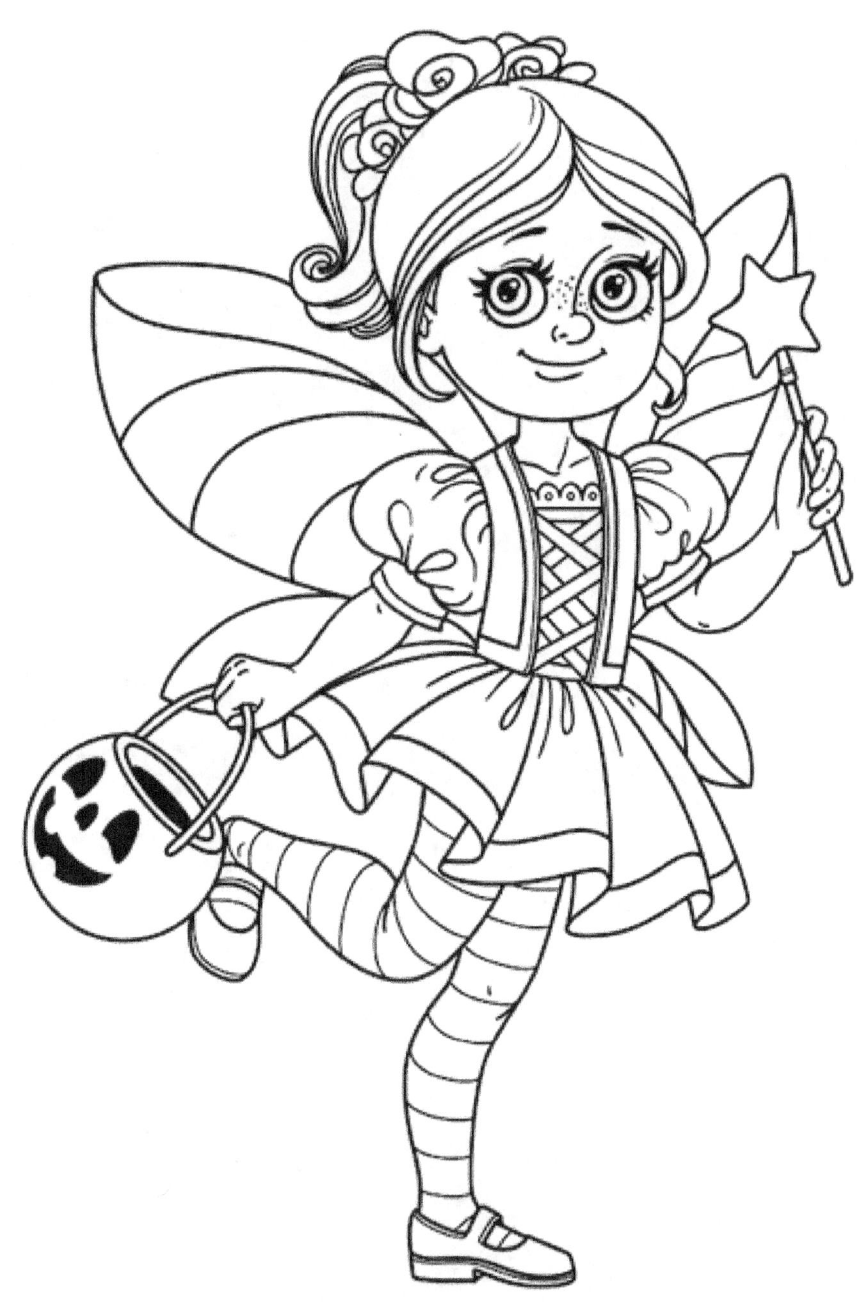

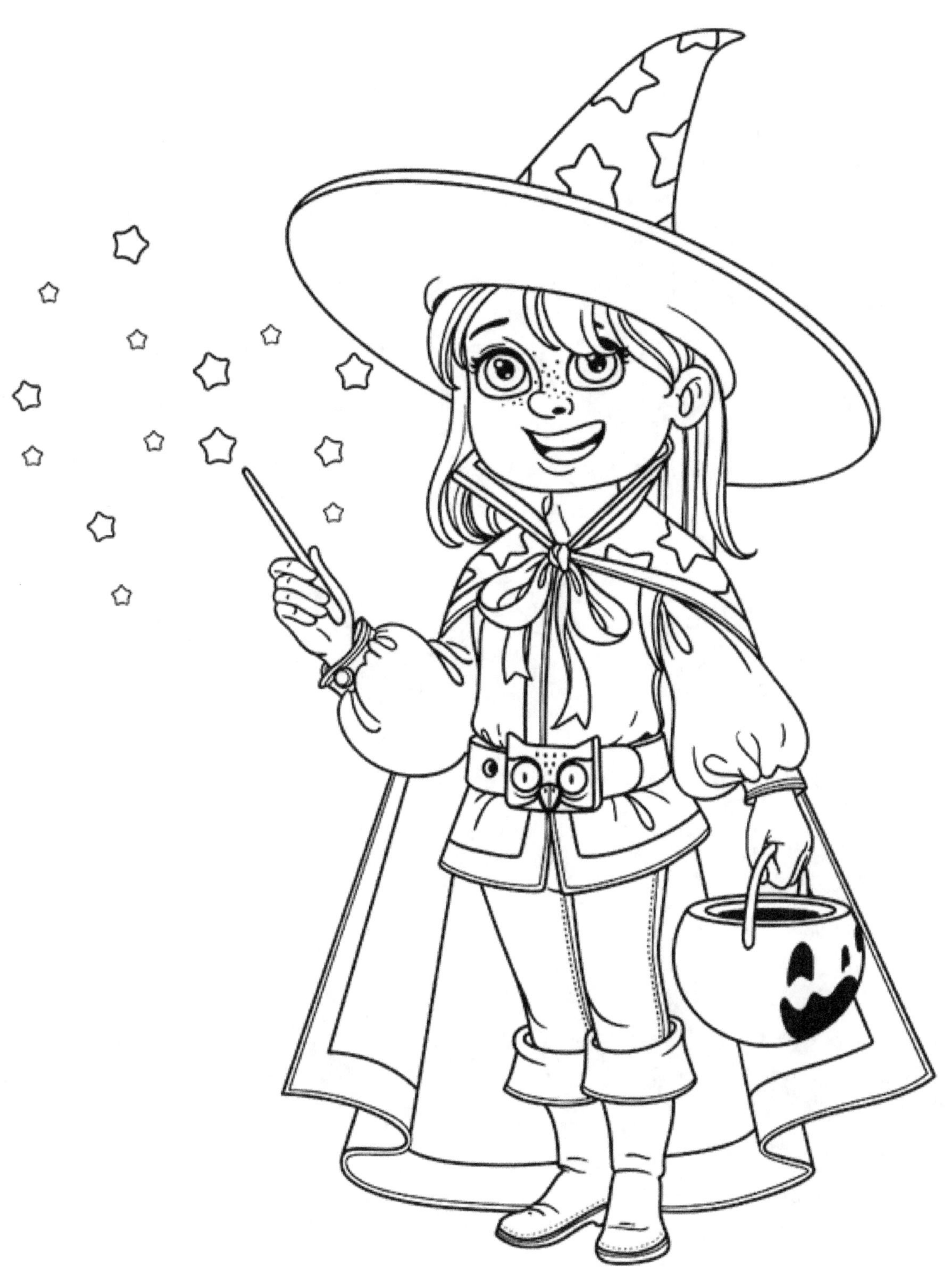

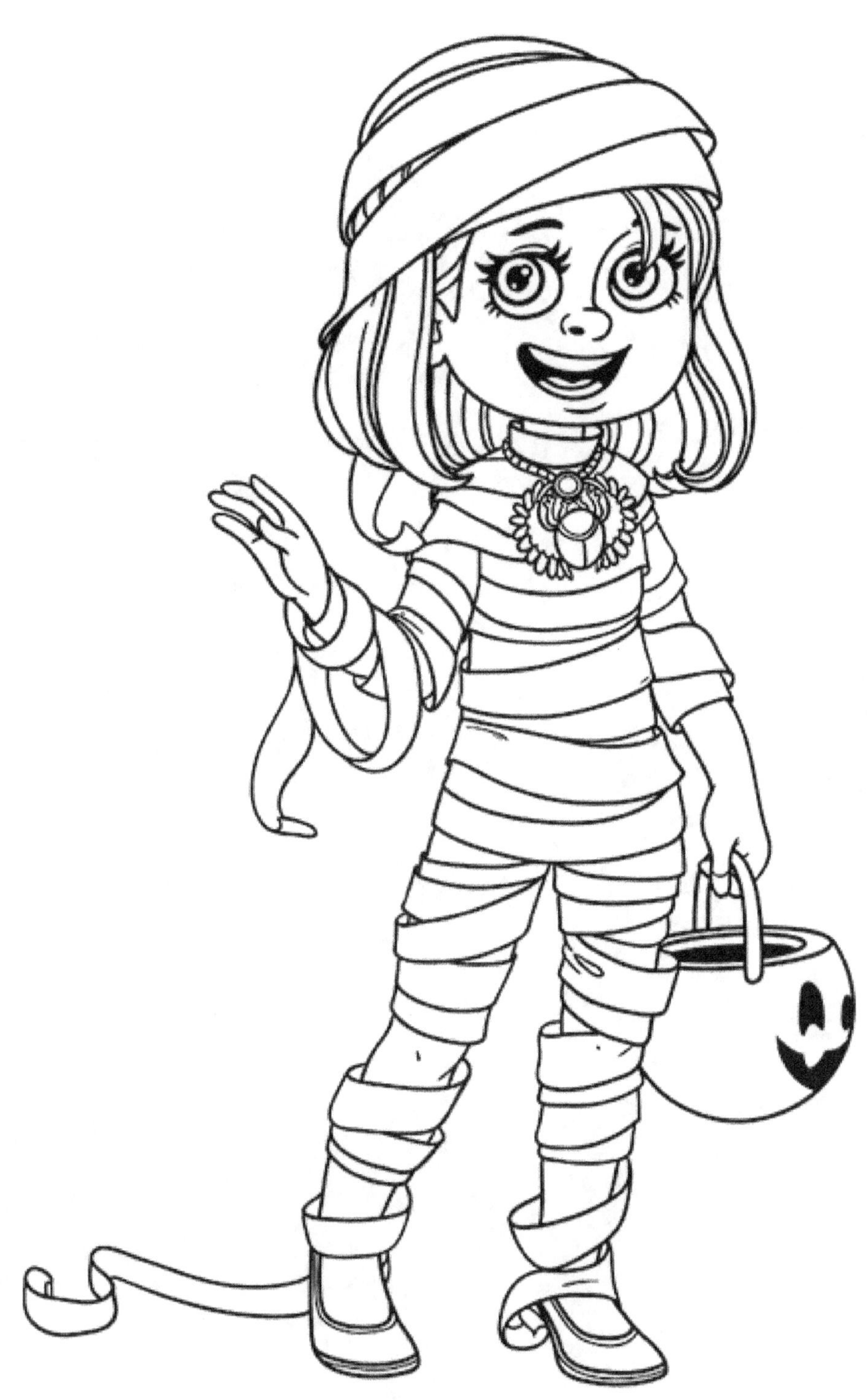

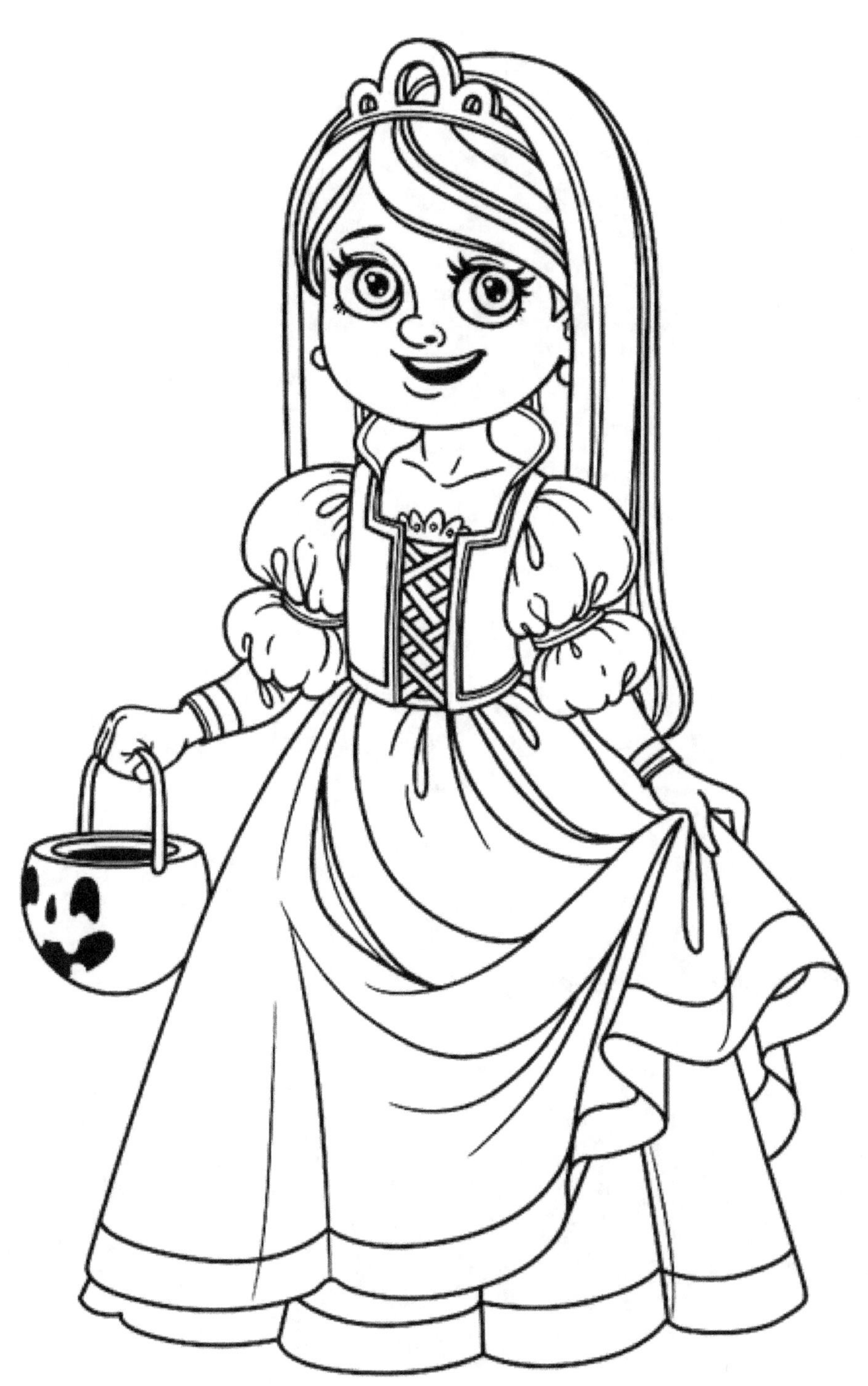

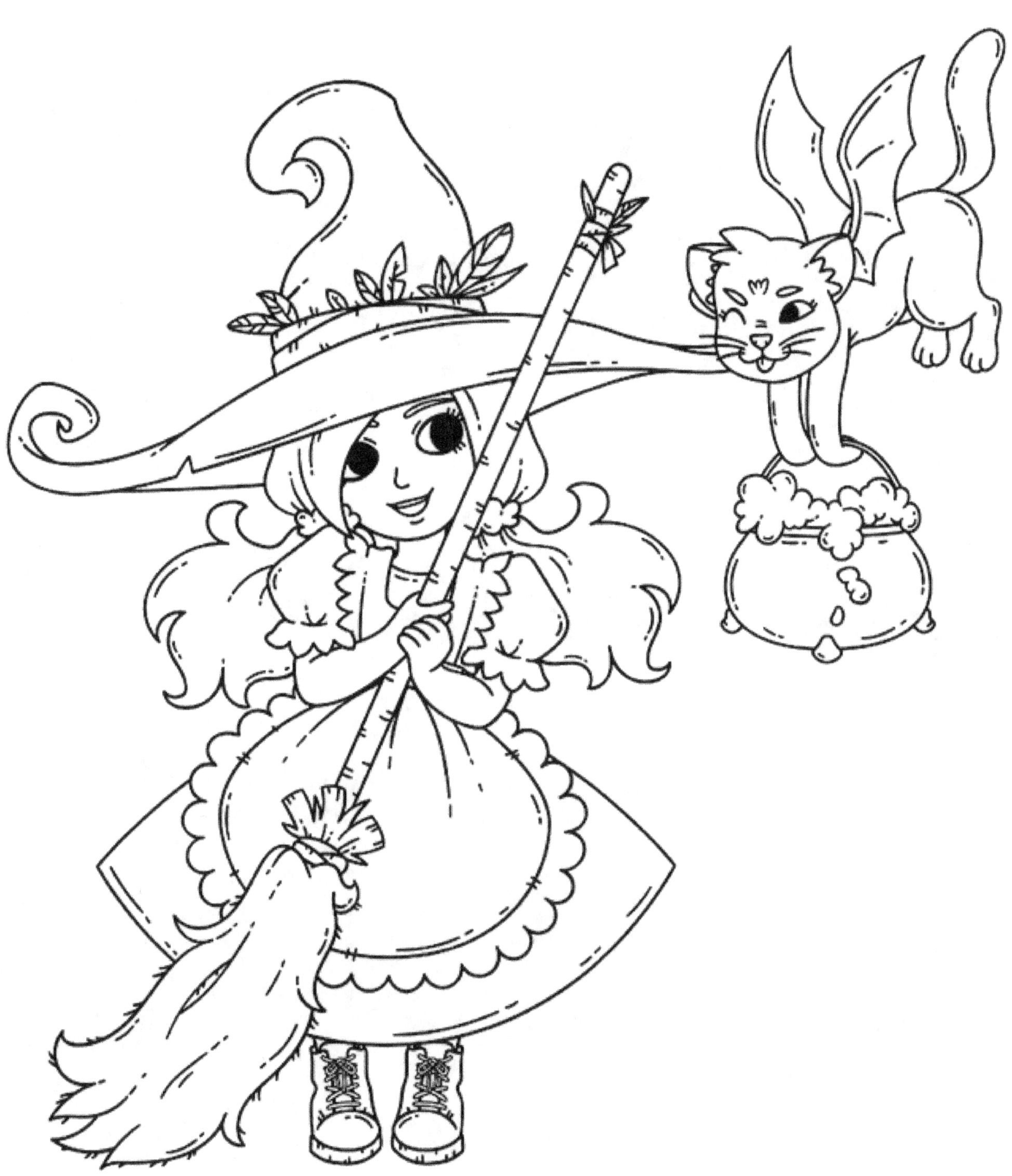

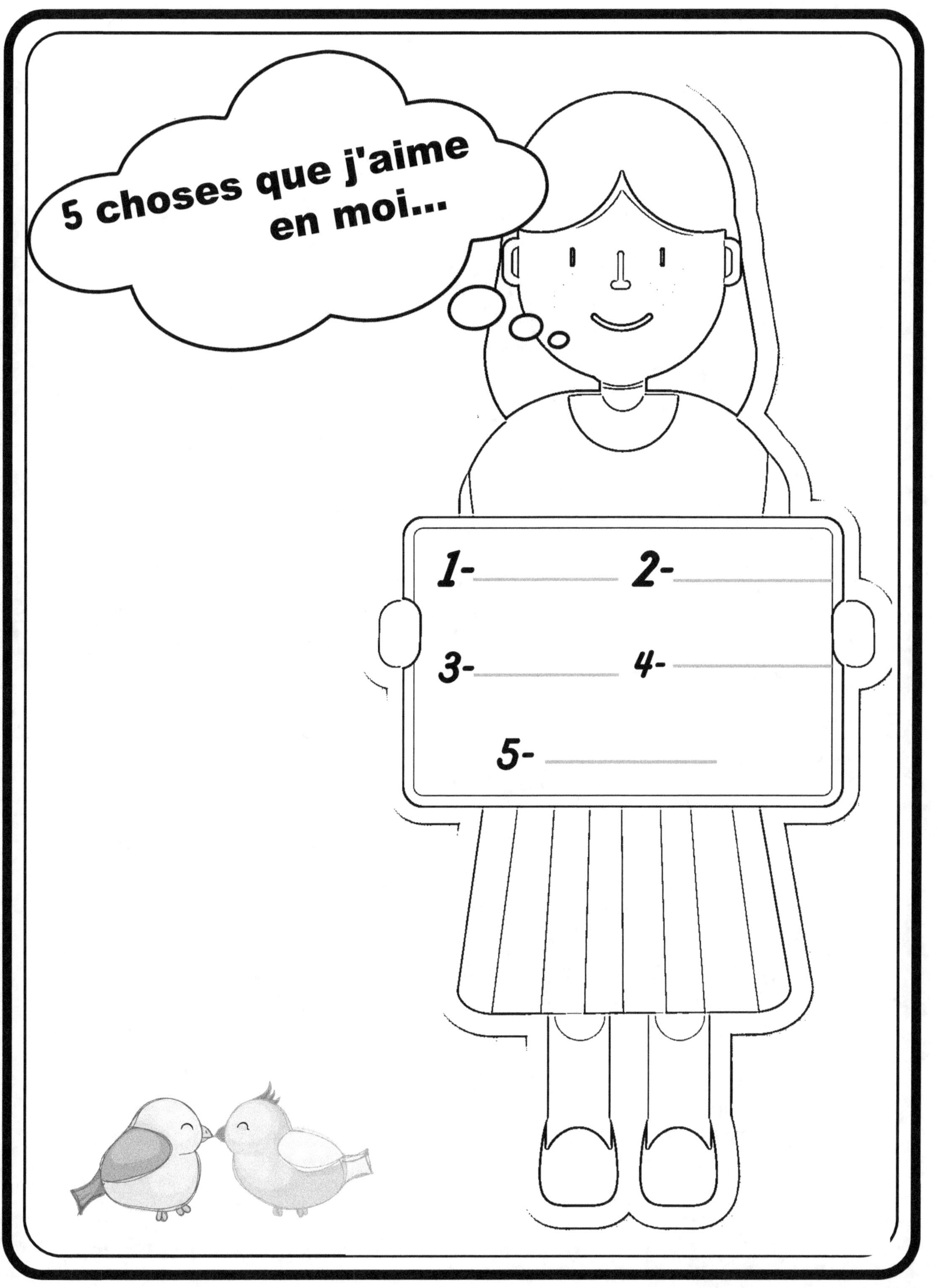

5 choses que j'aime en moi...
1-
2-
3-
4-
5-

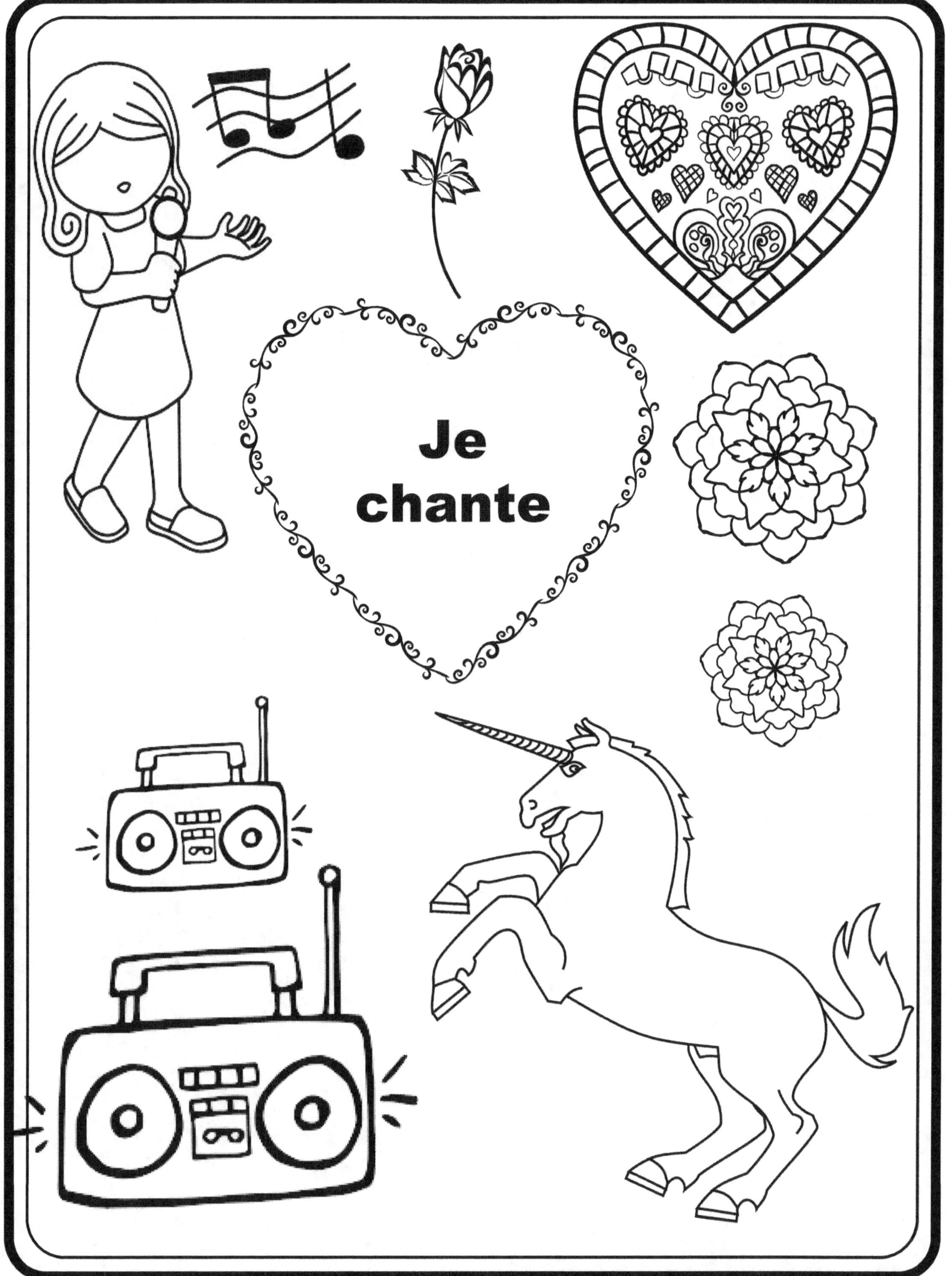
Je
chante

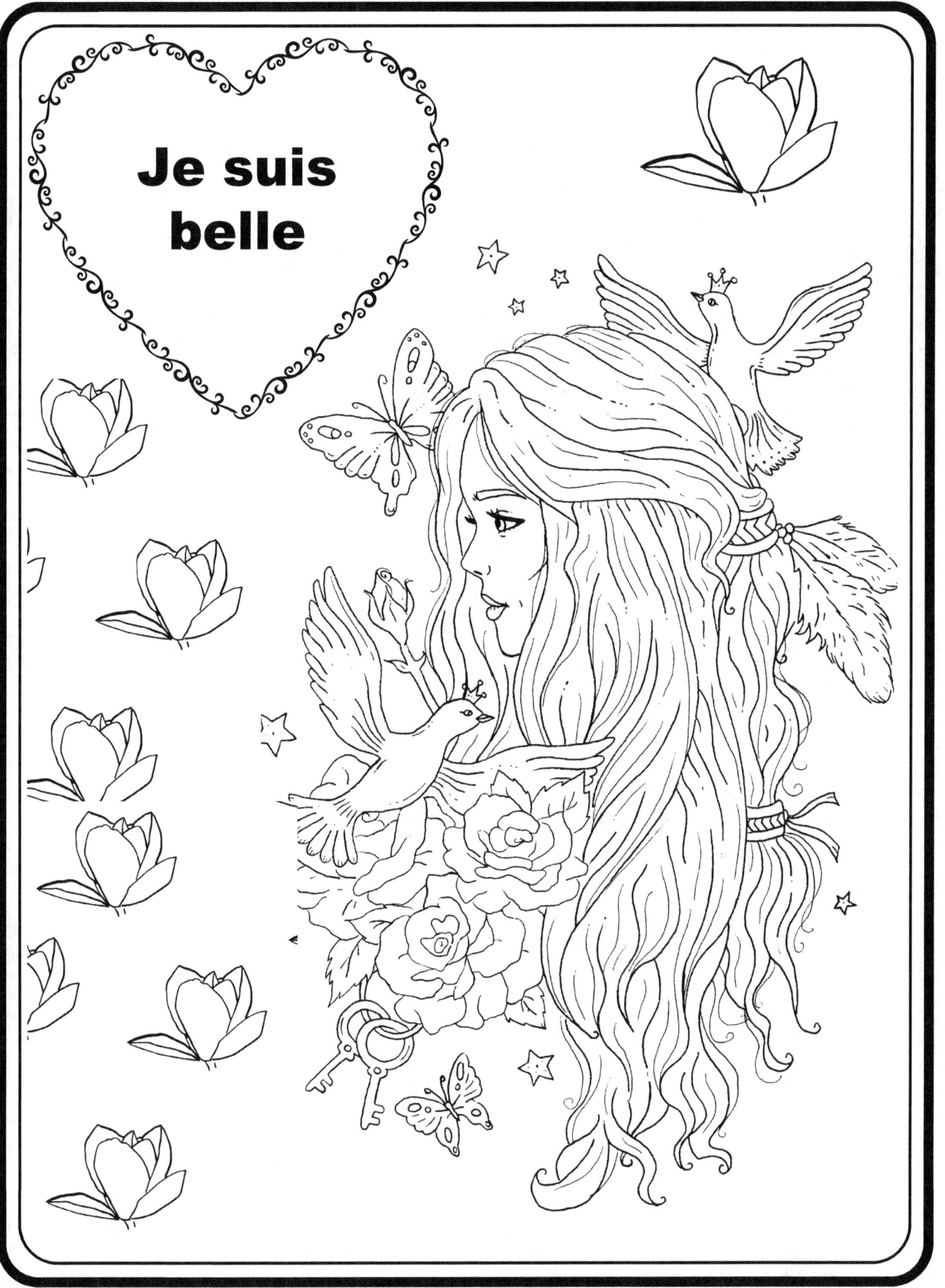

Je suis
belle

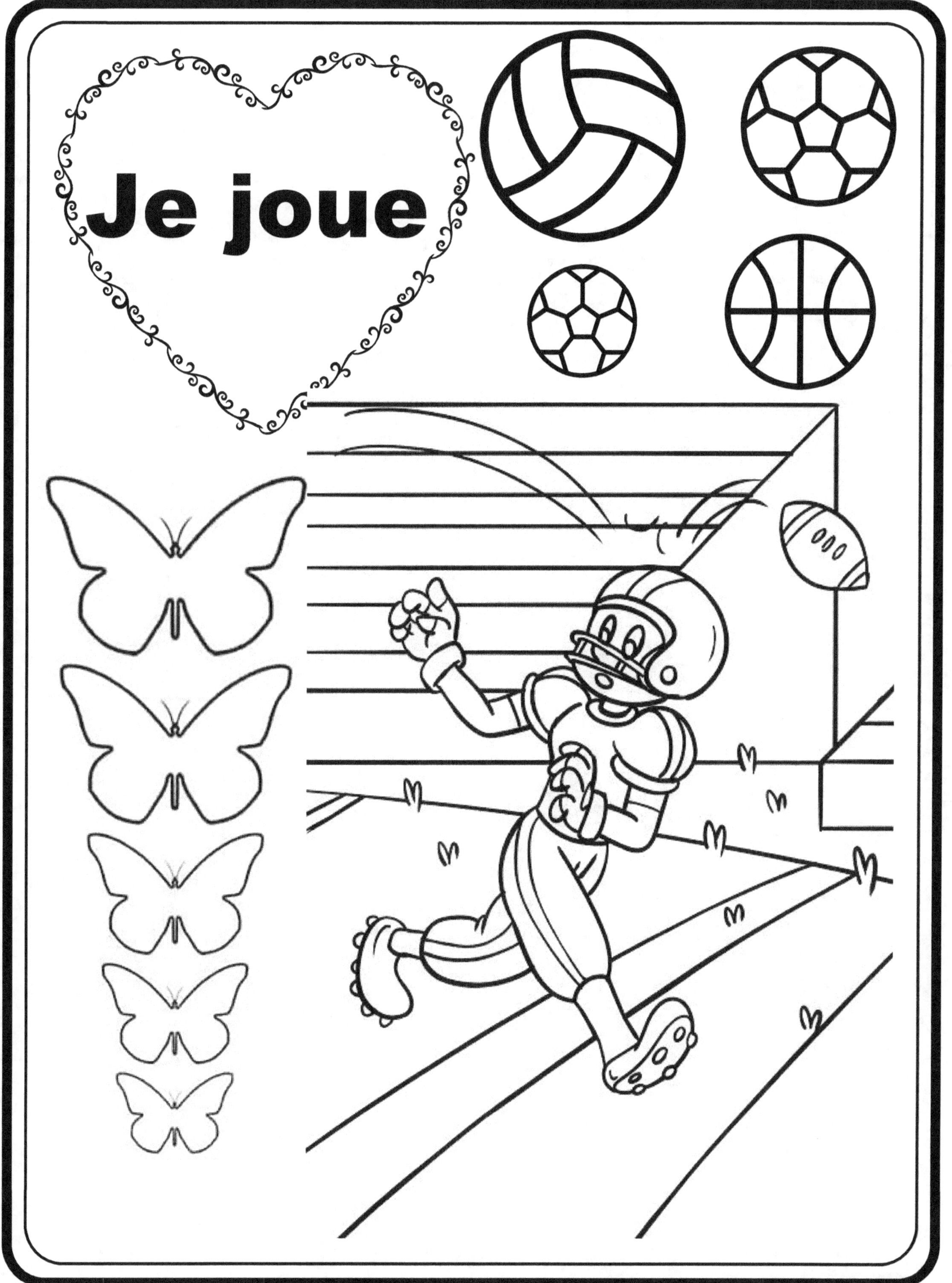
Je joue

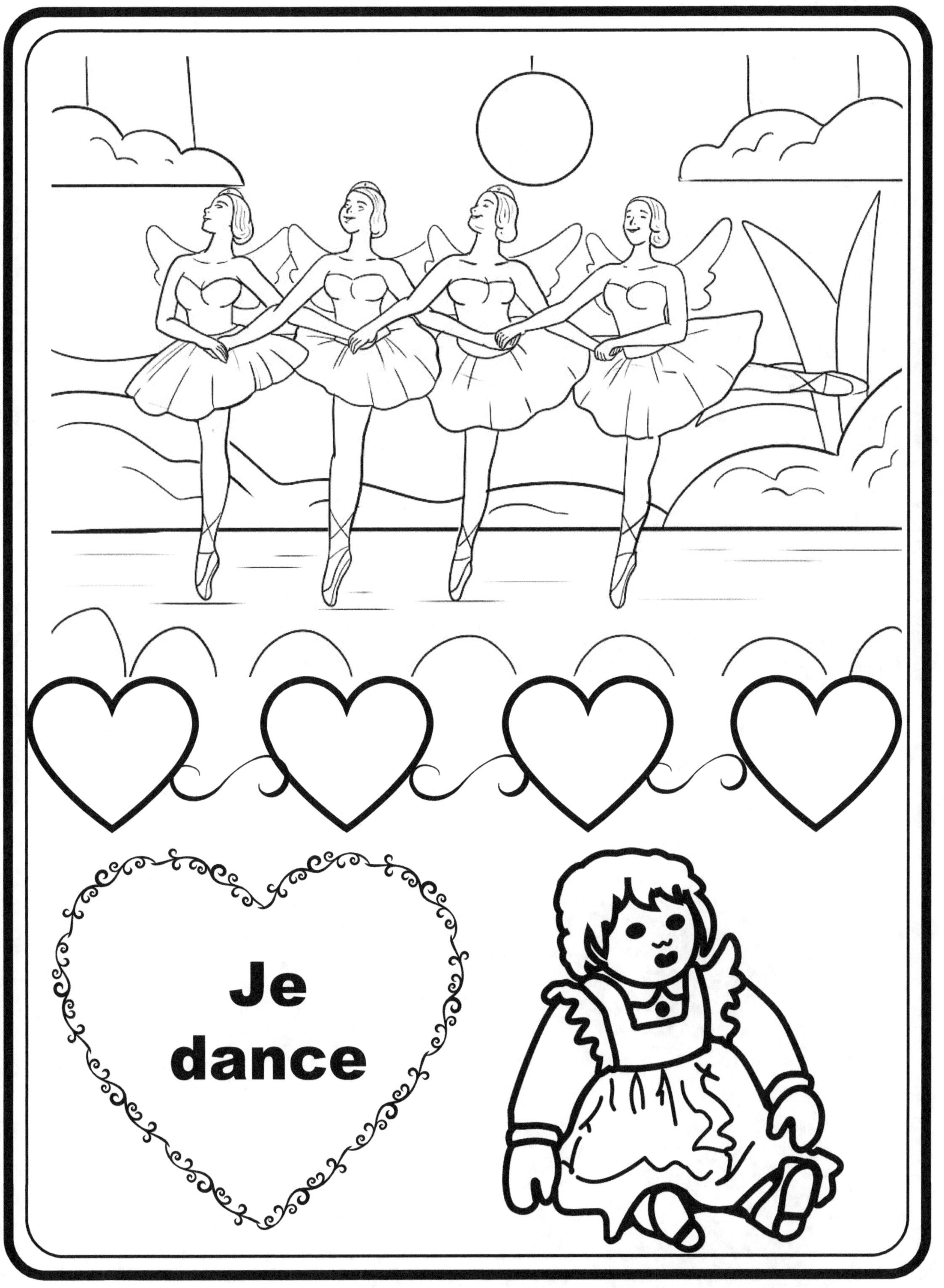

Je
dance

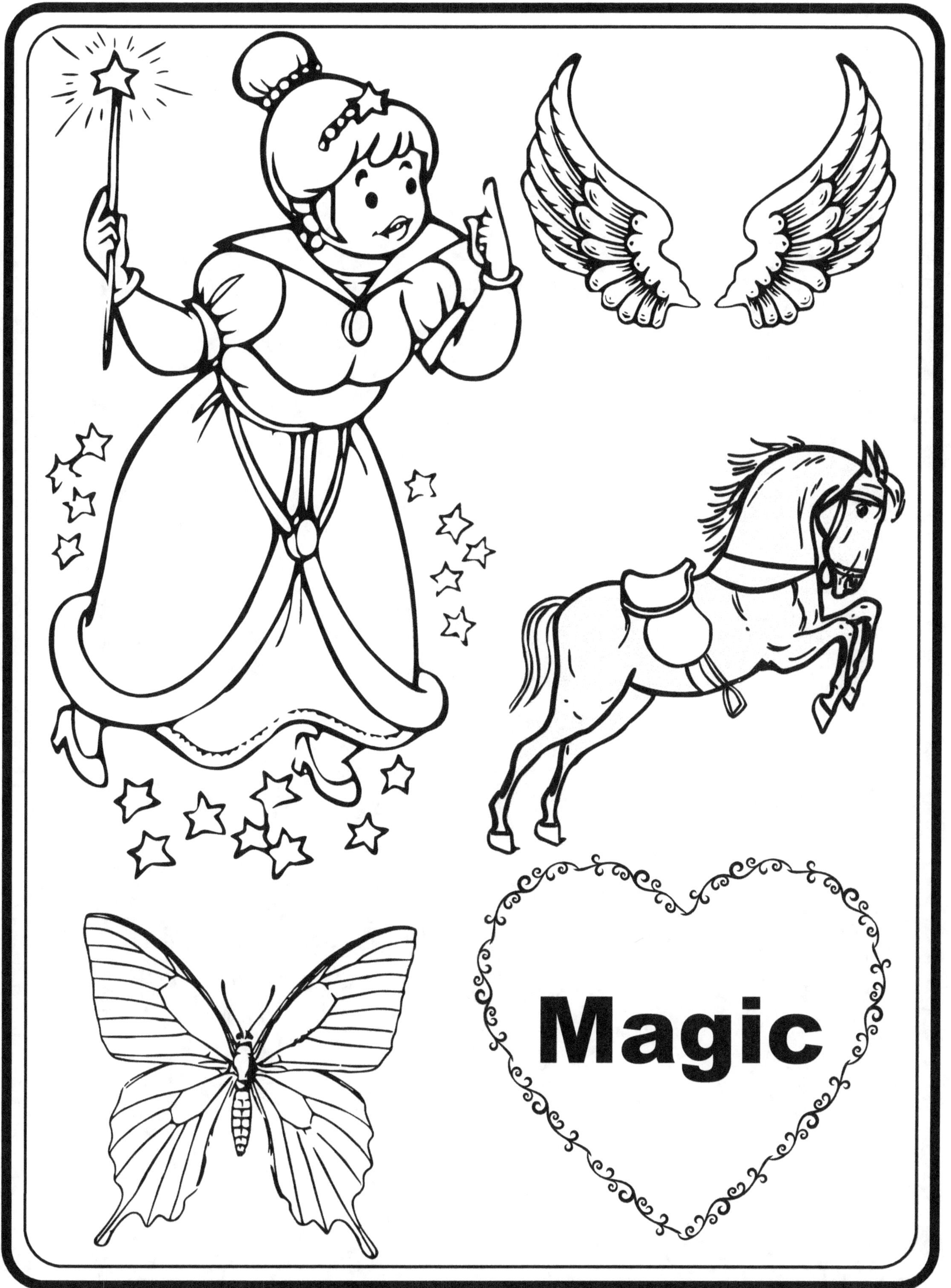
Magic

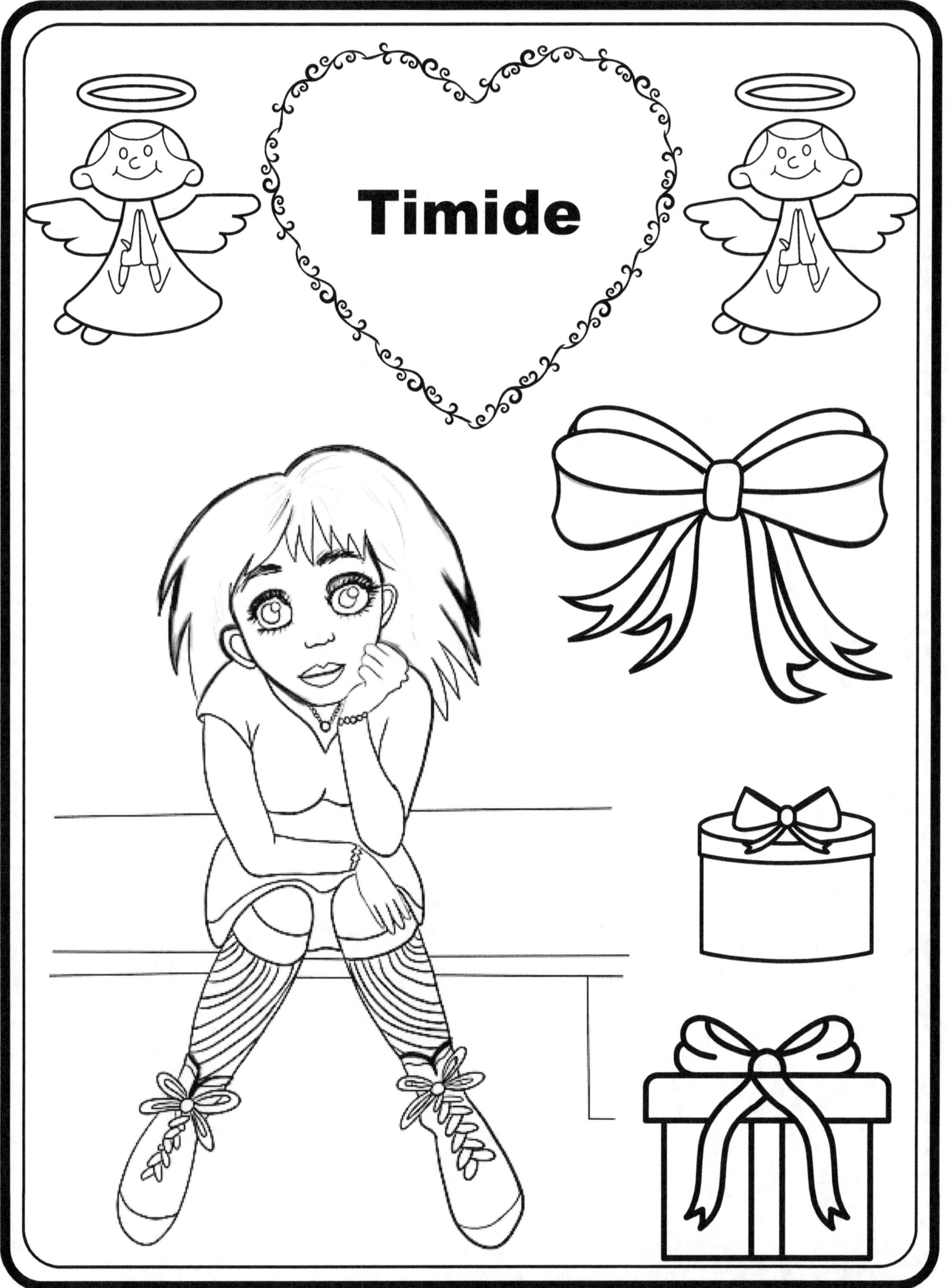
Timide

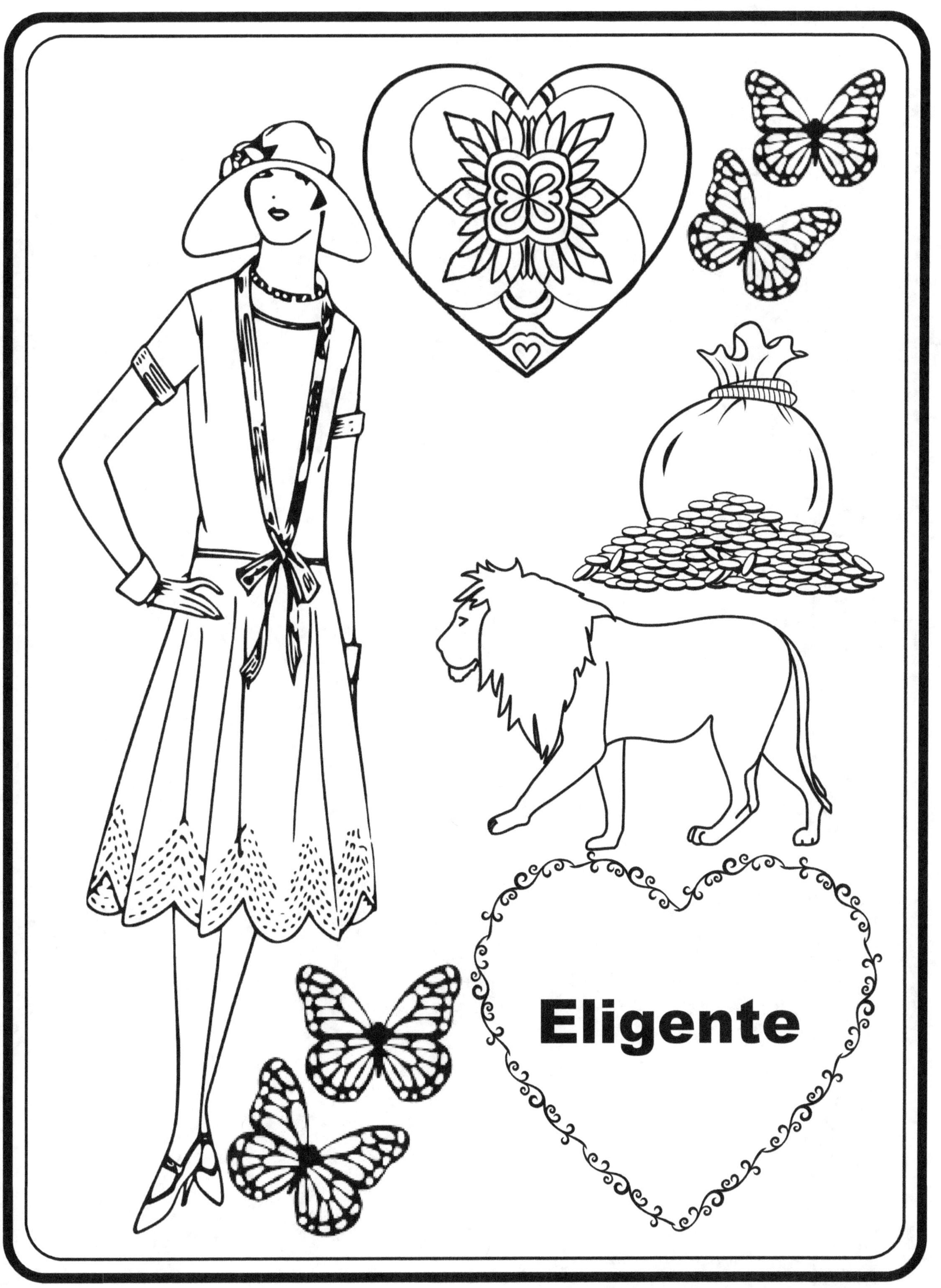
Eligente

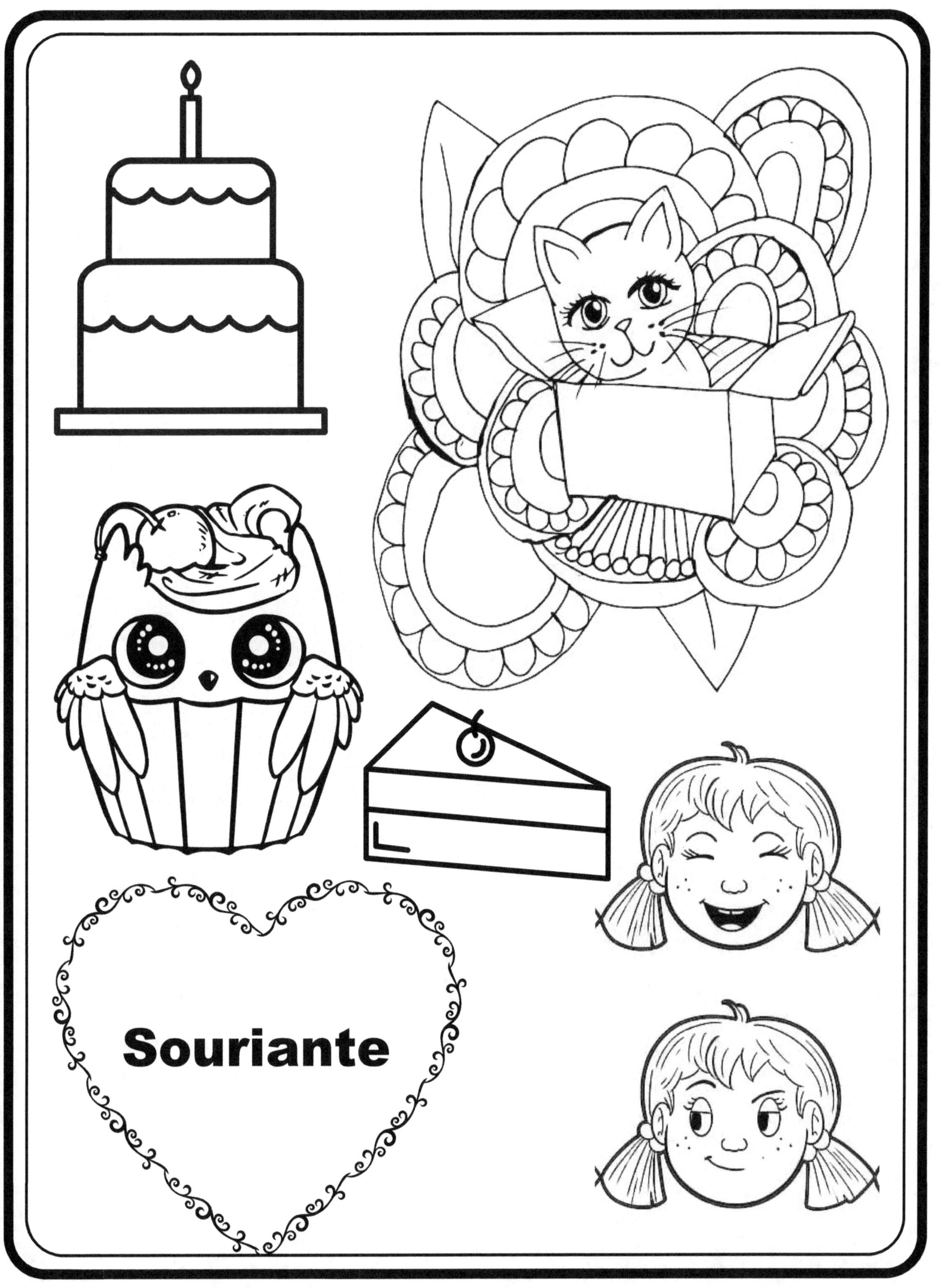

Souriante

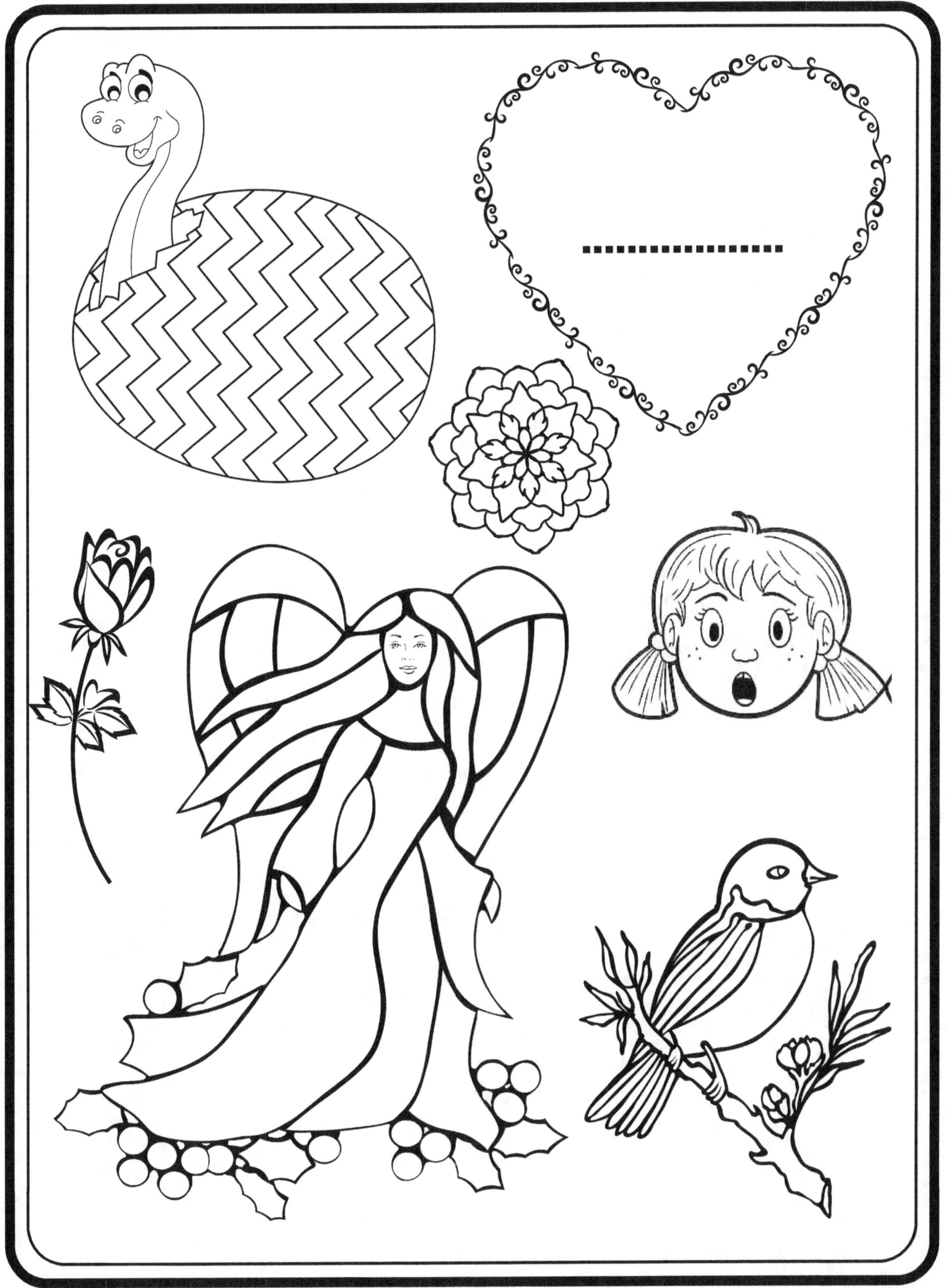

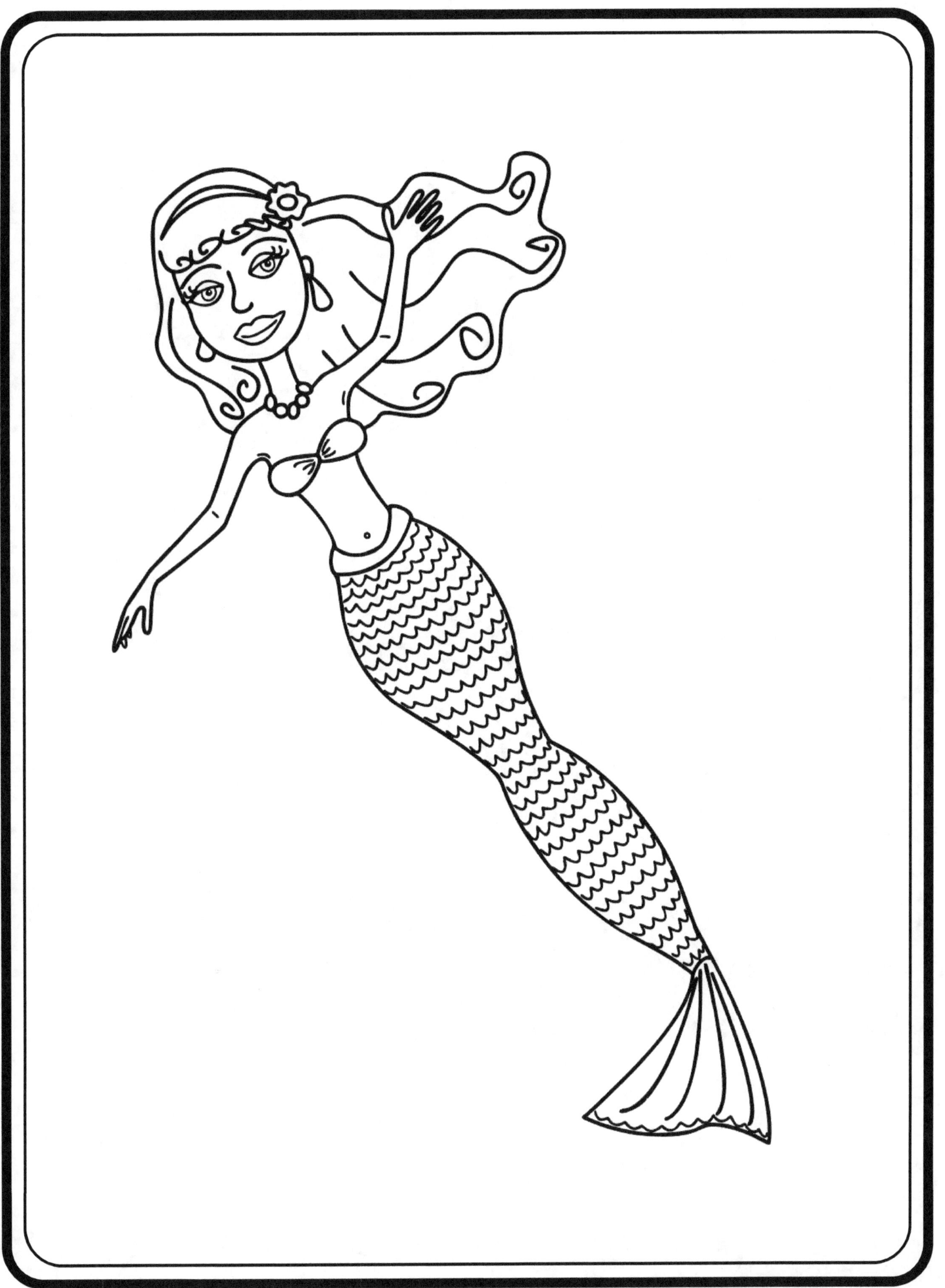

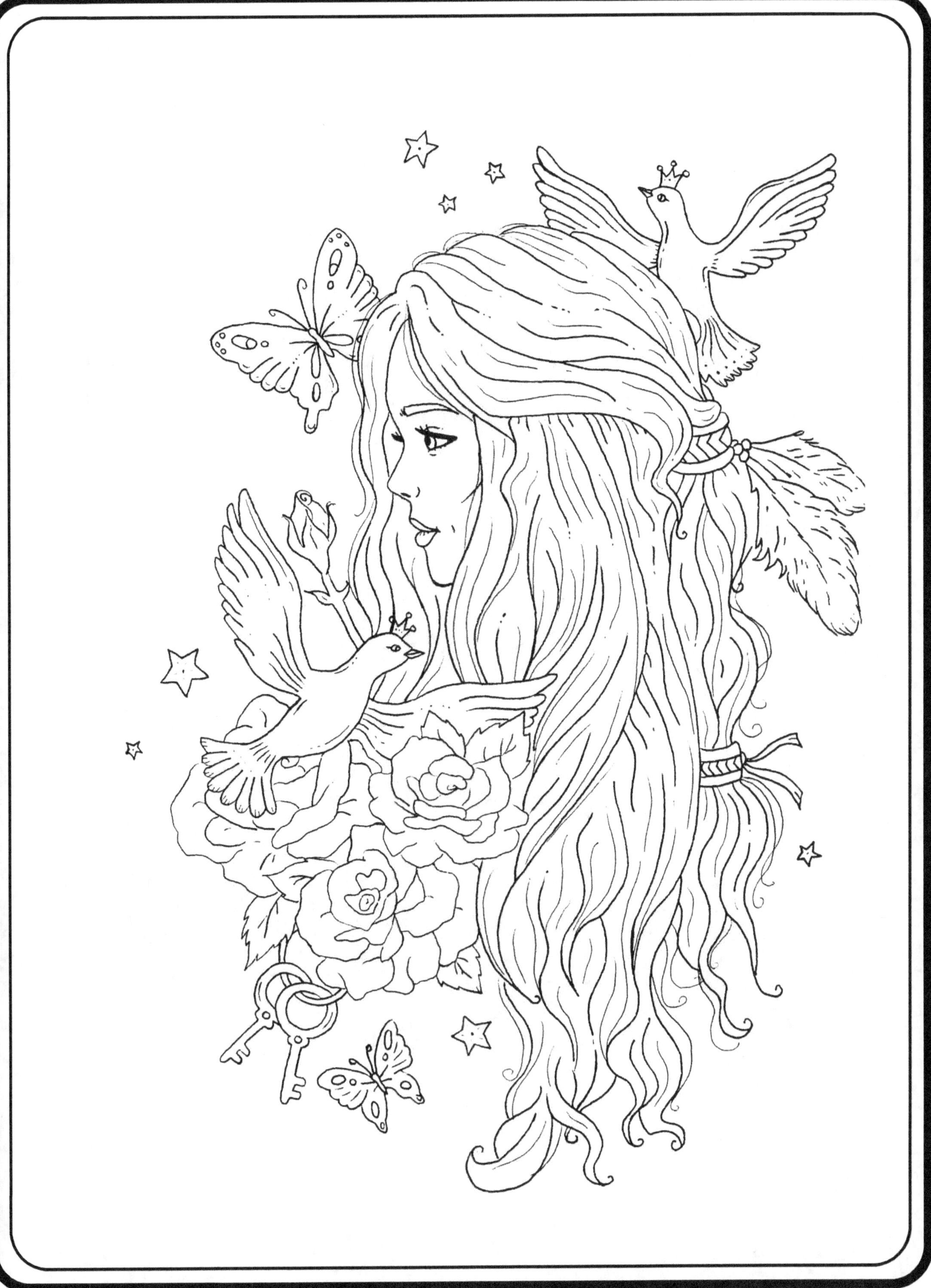

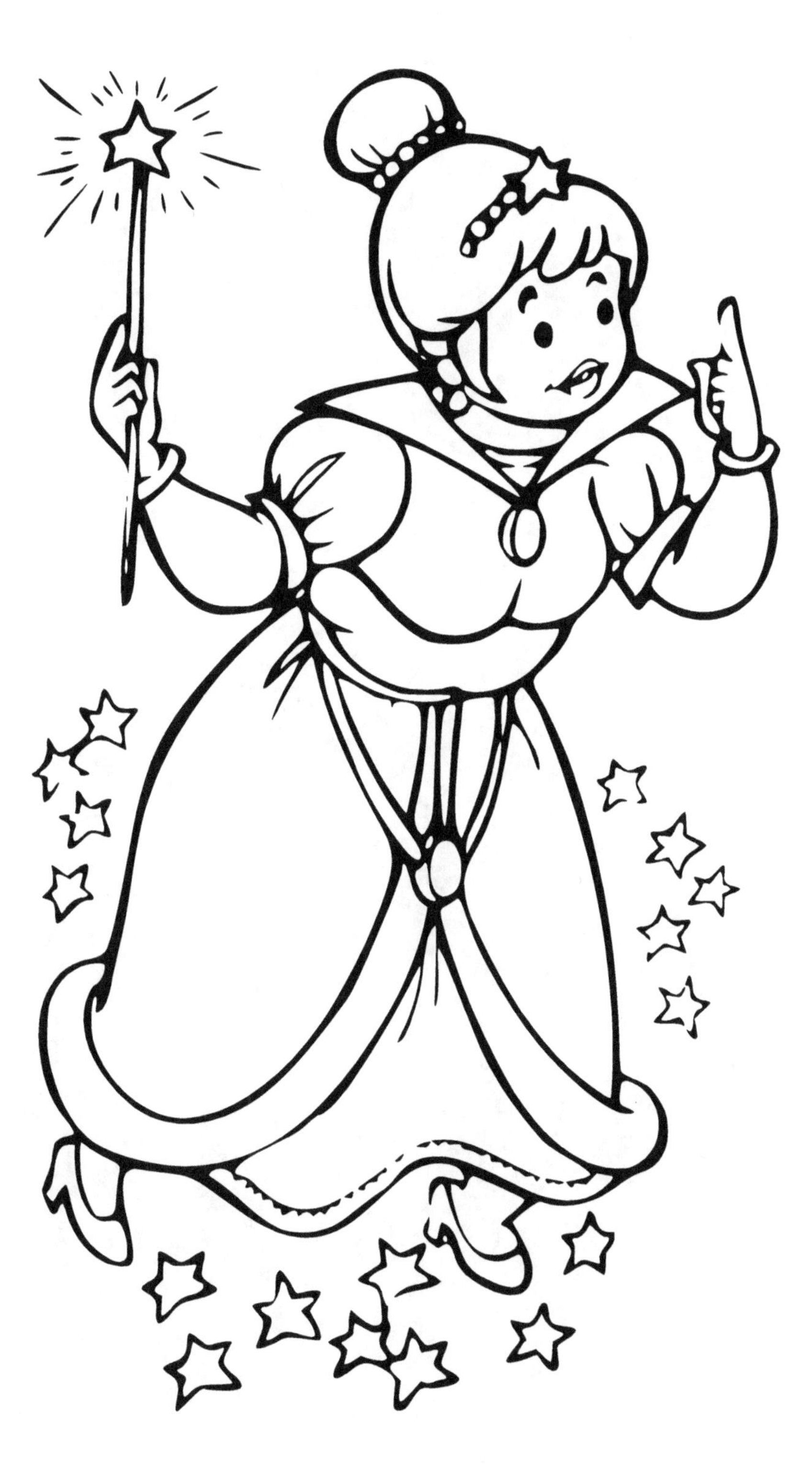

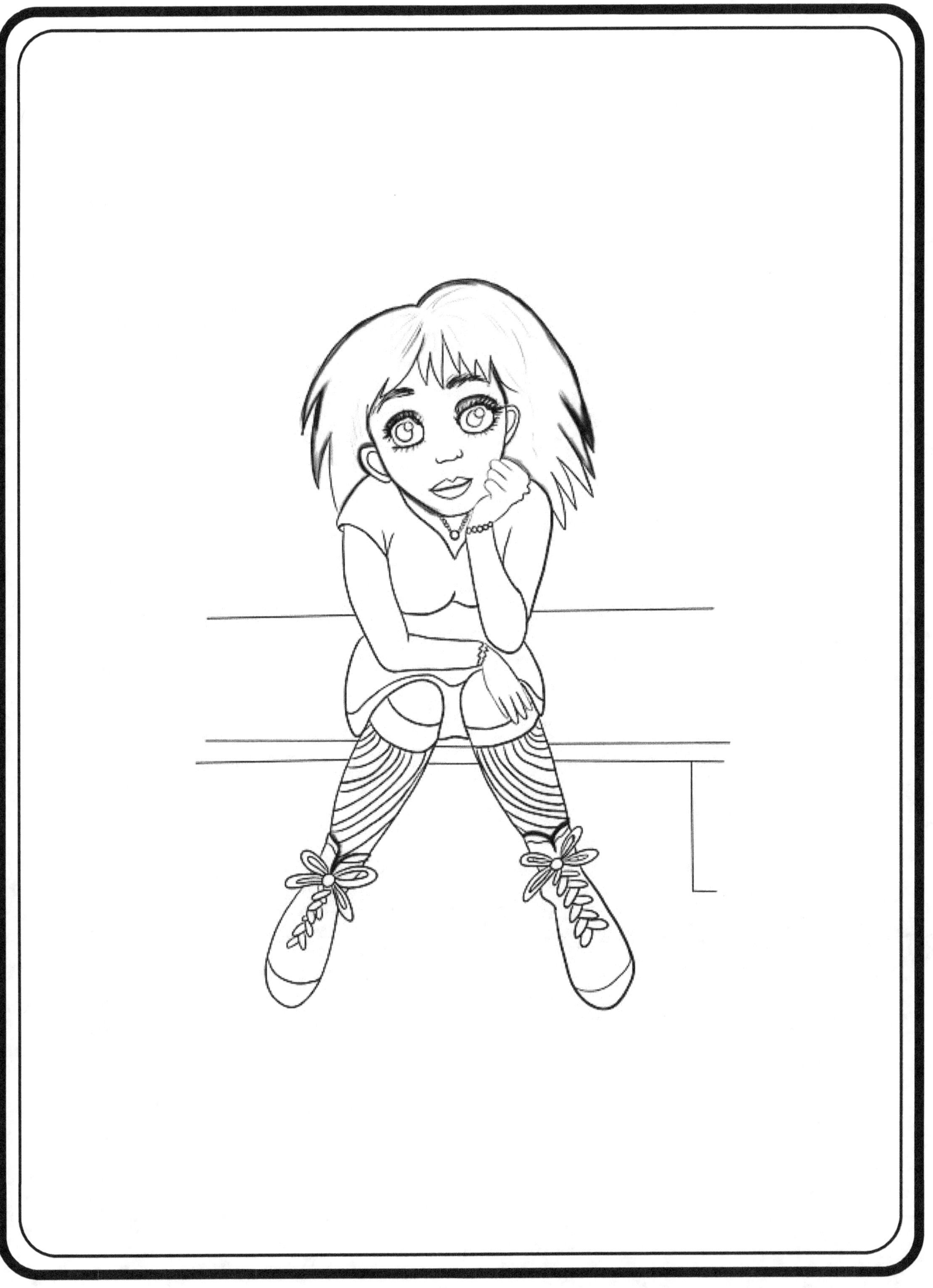

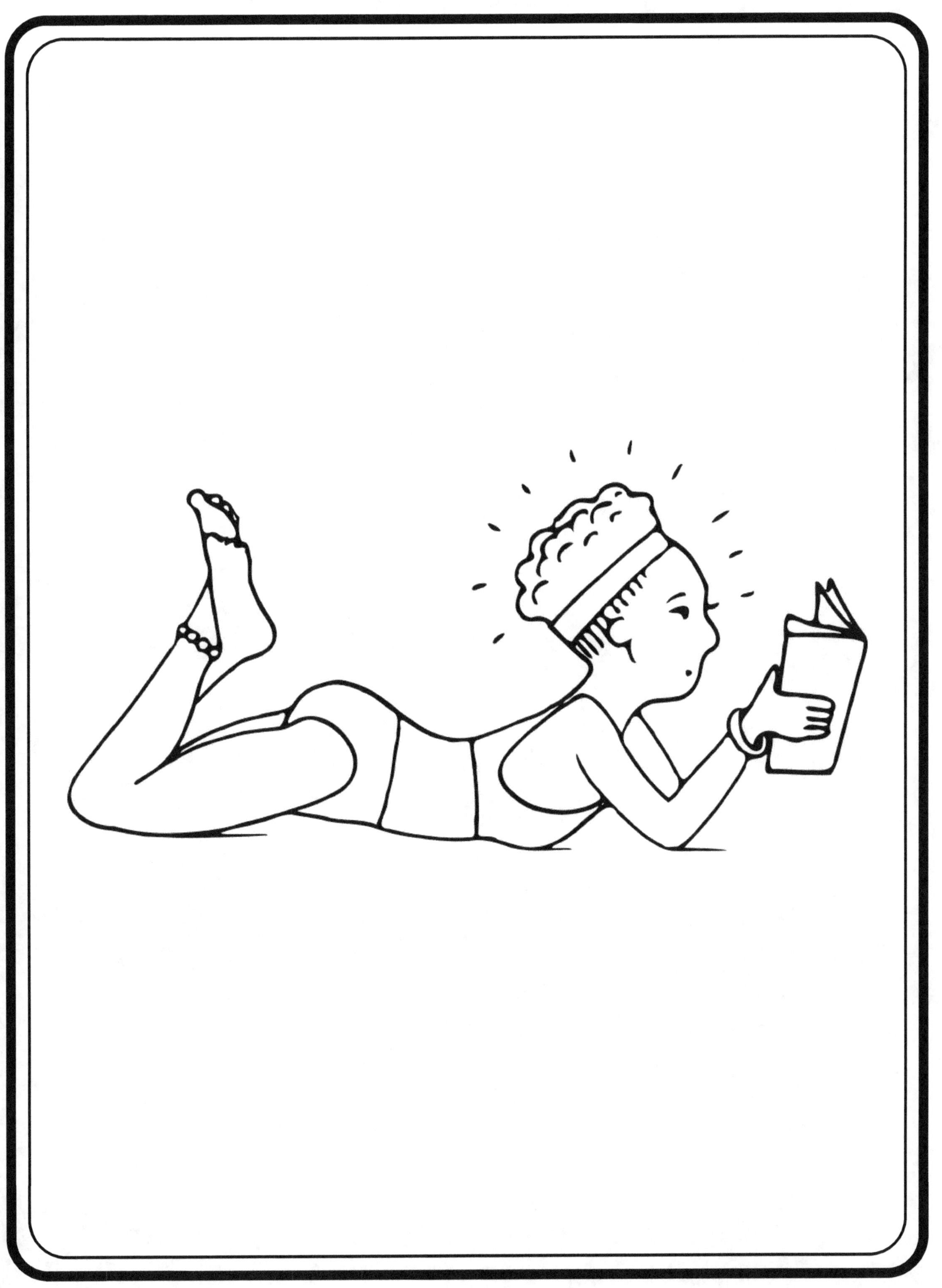

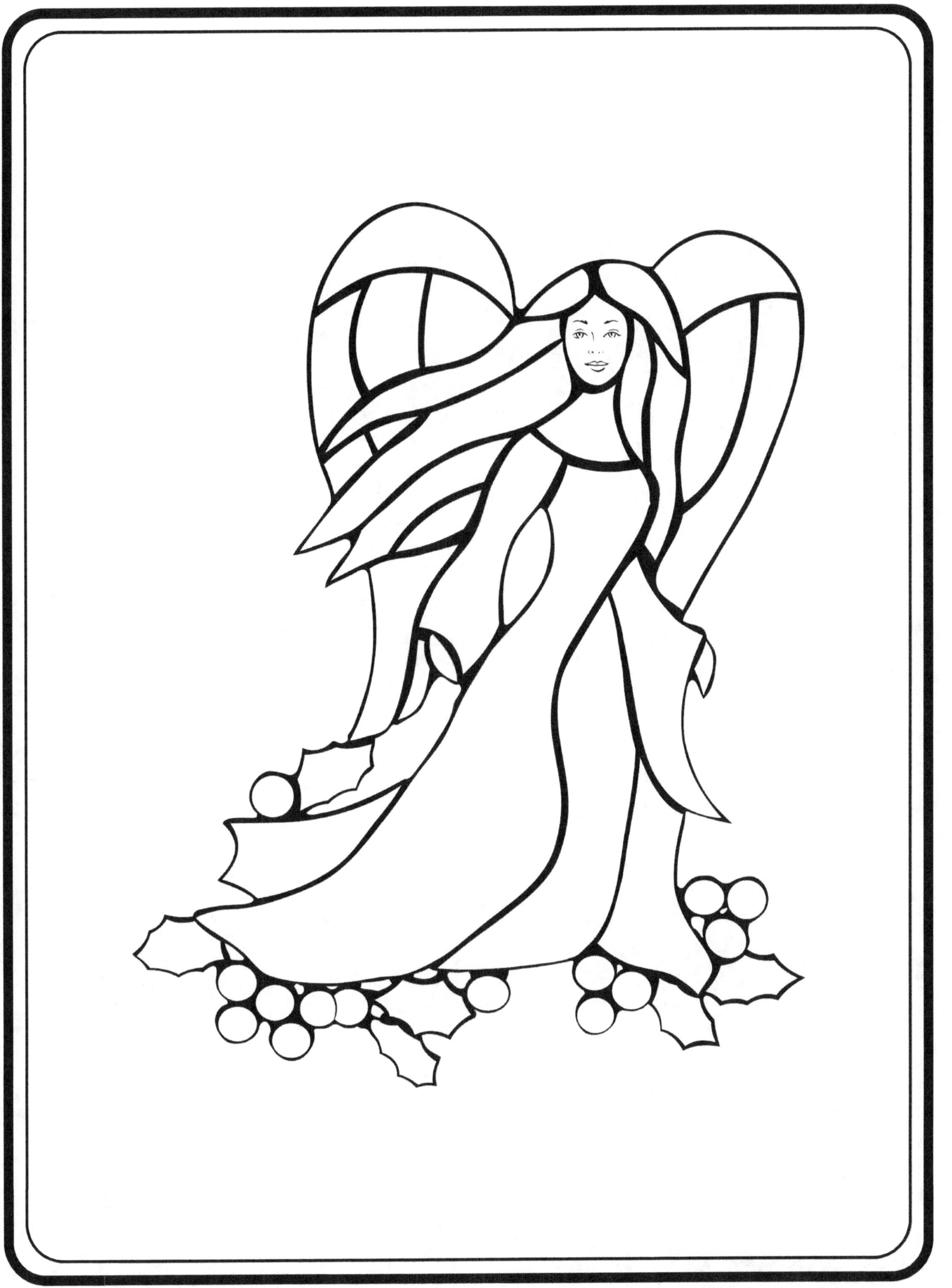

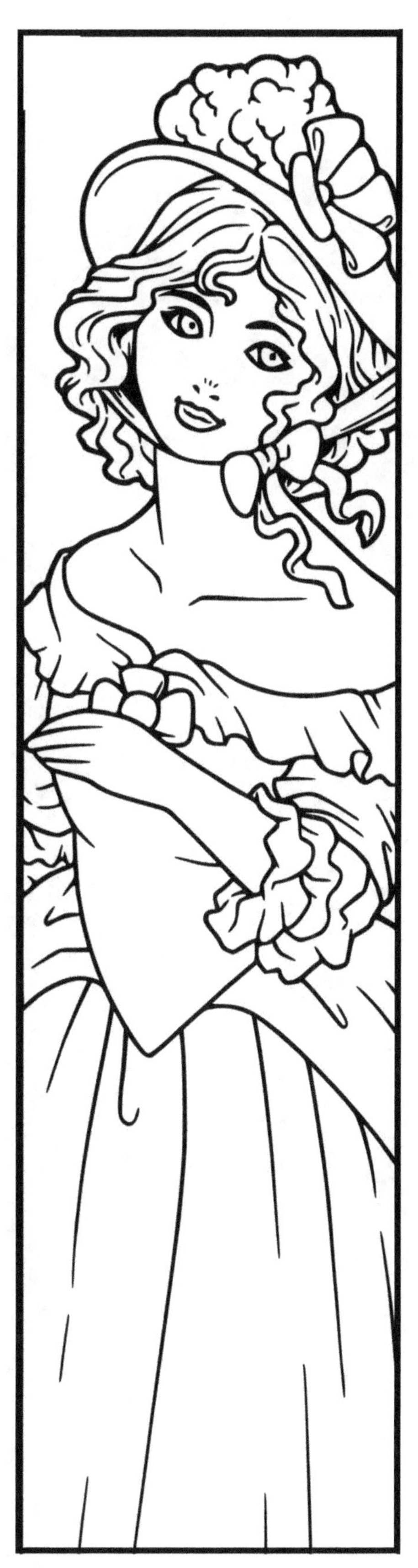
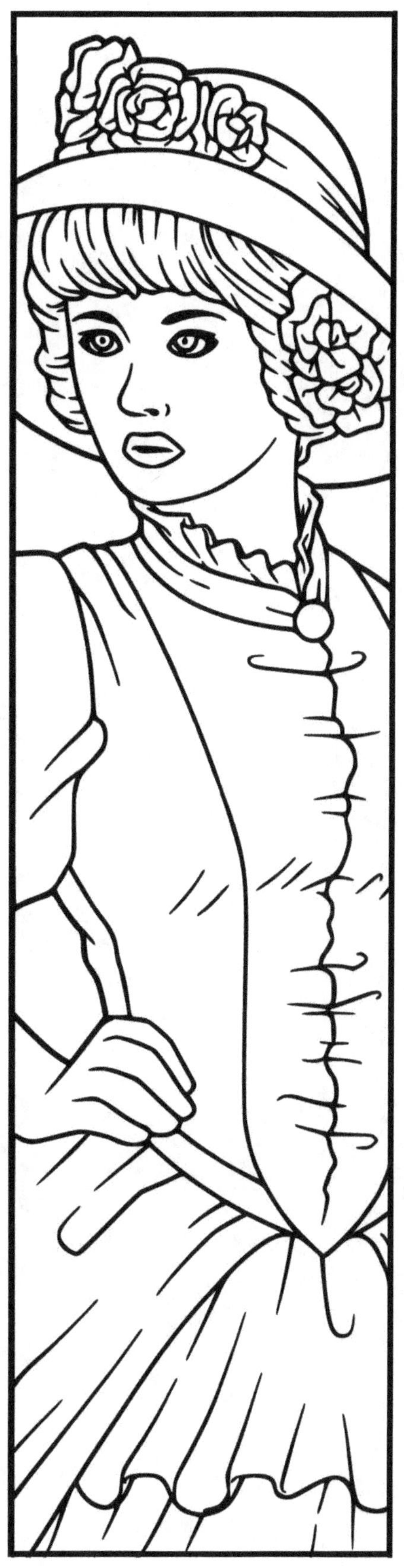

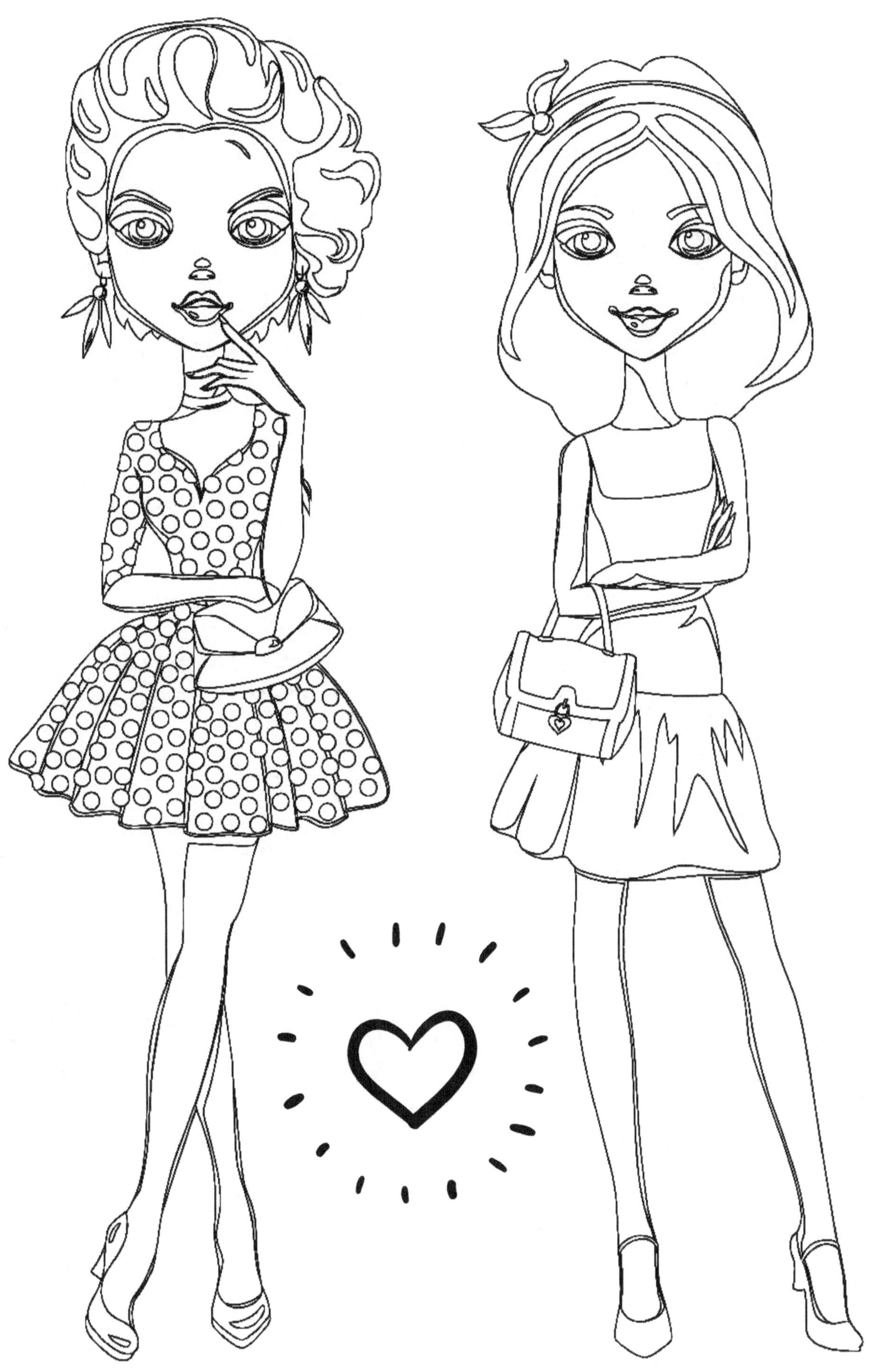

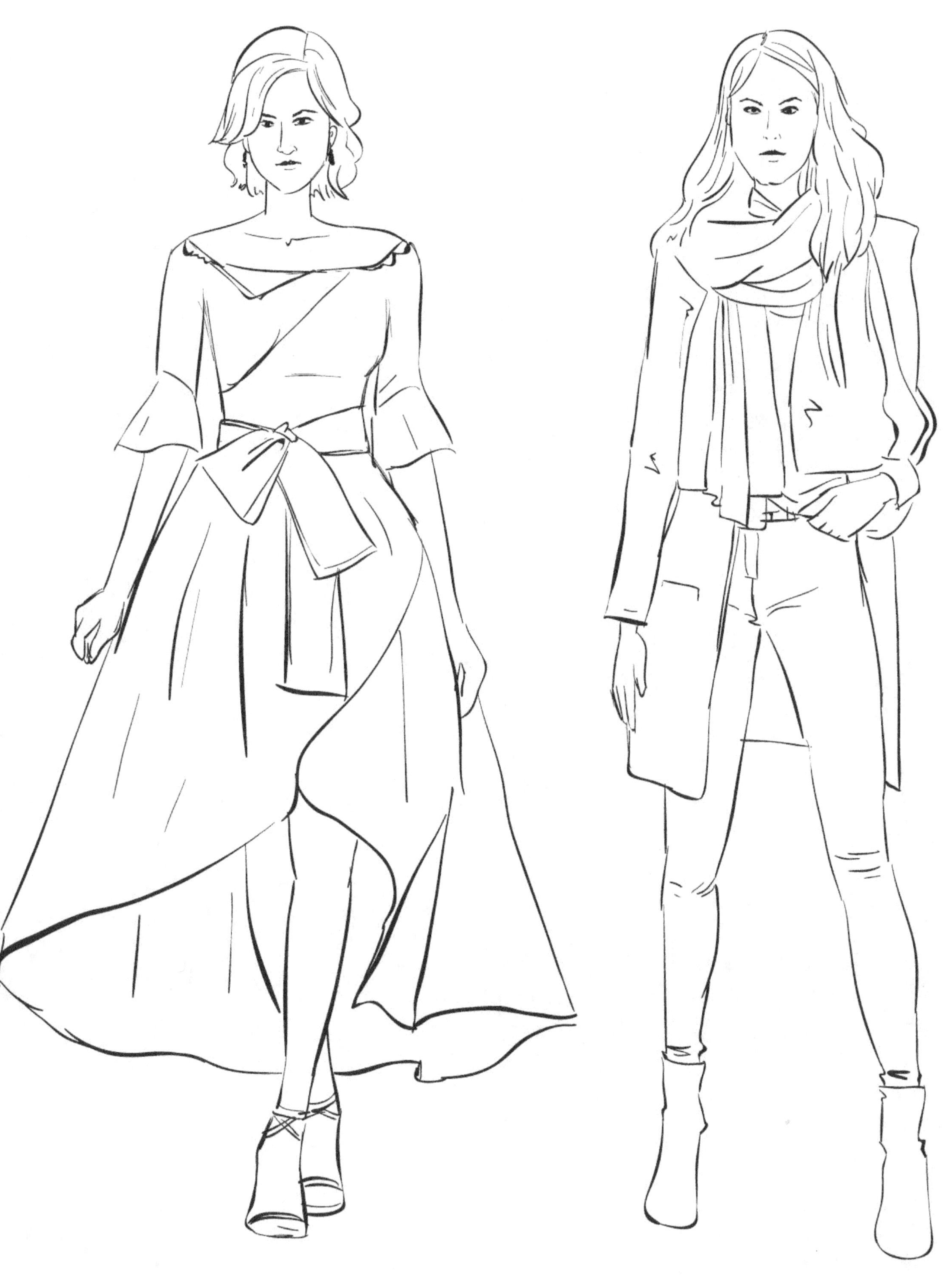

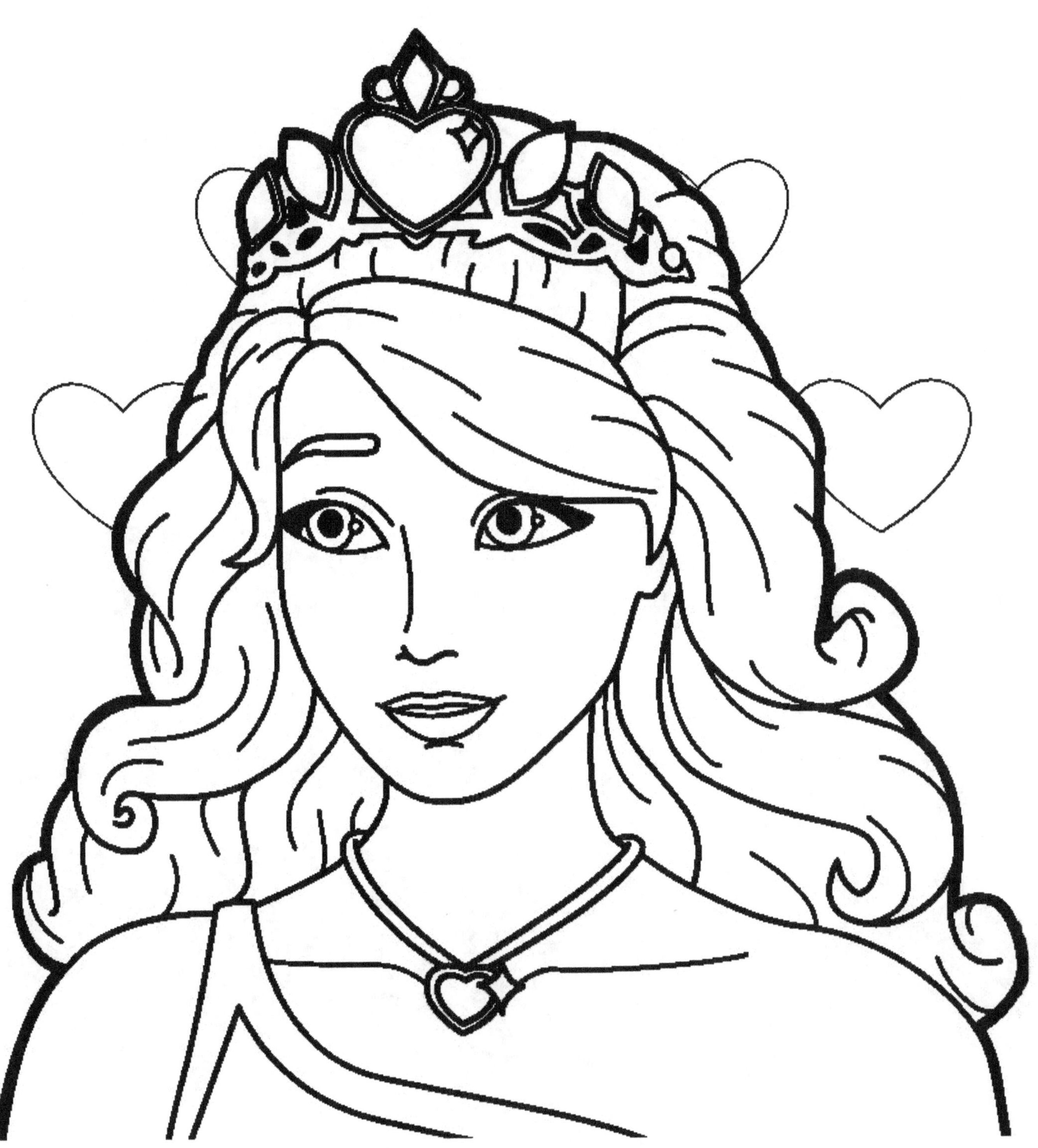

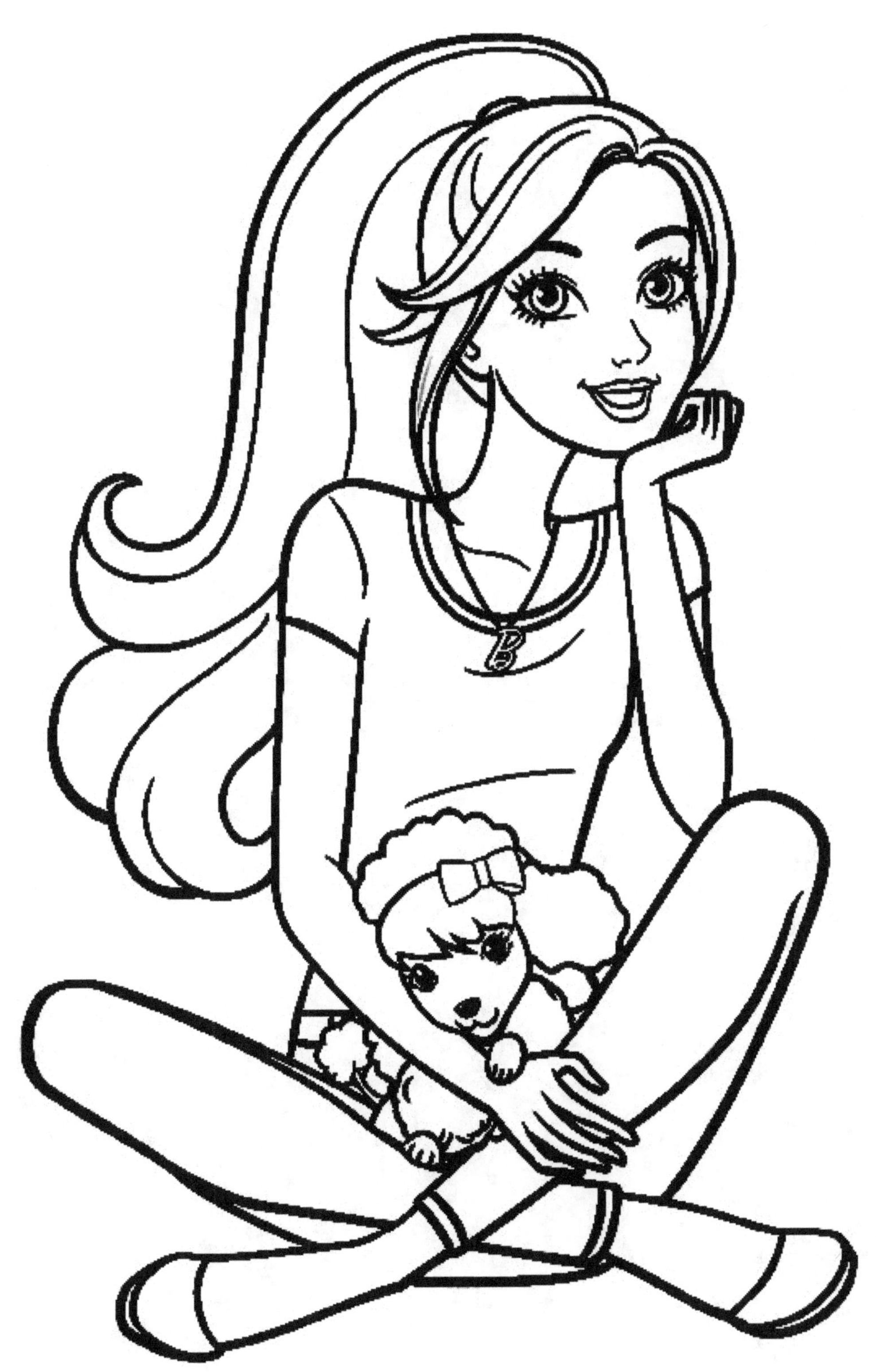

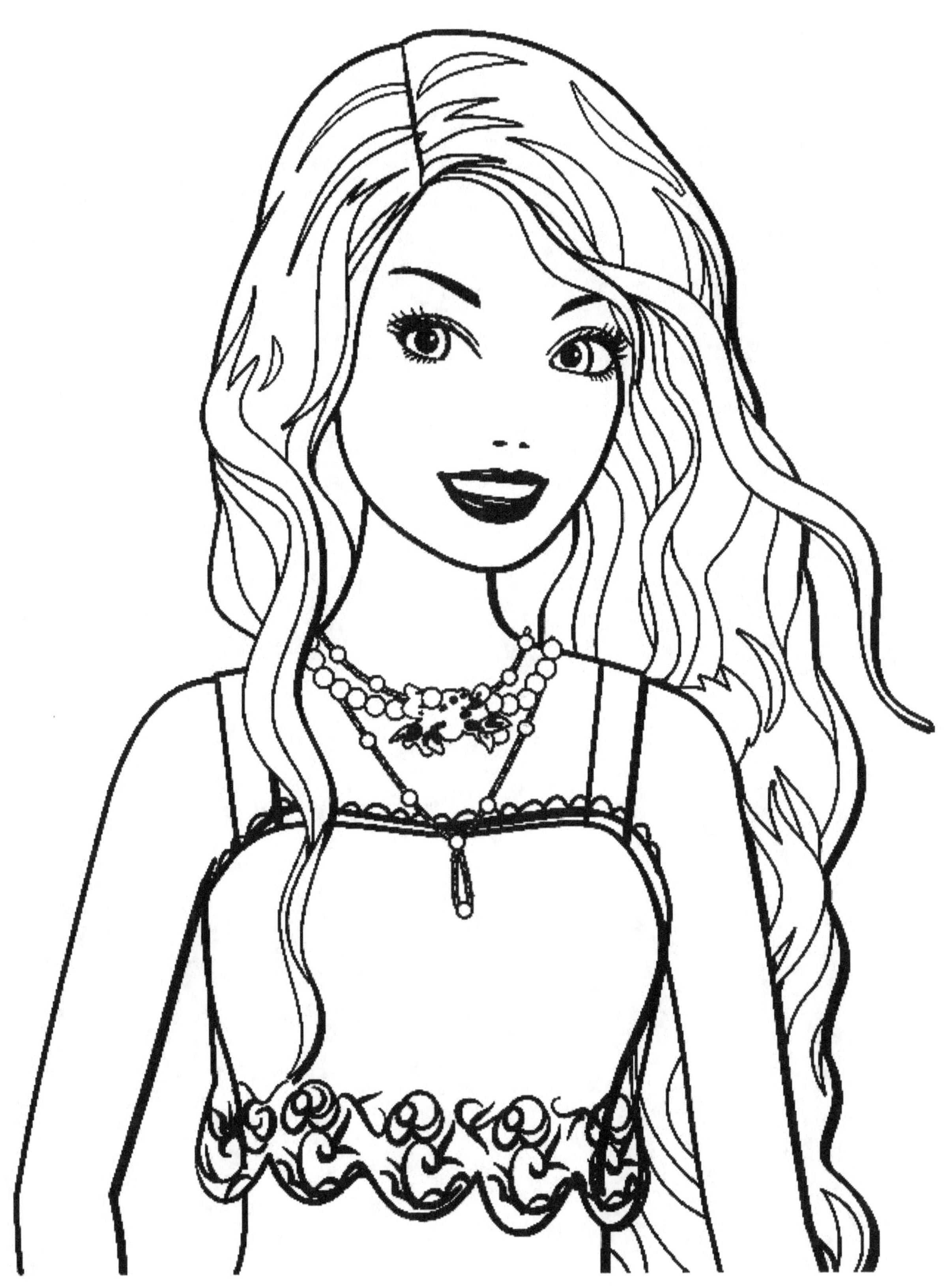

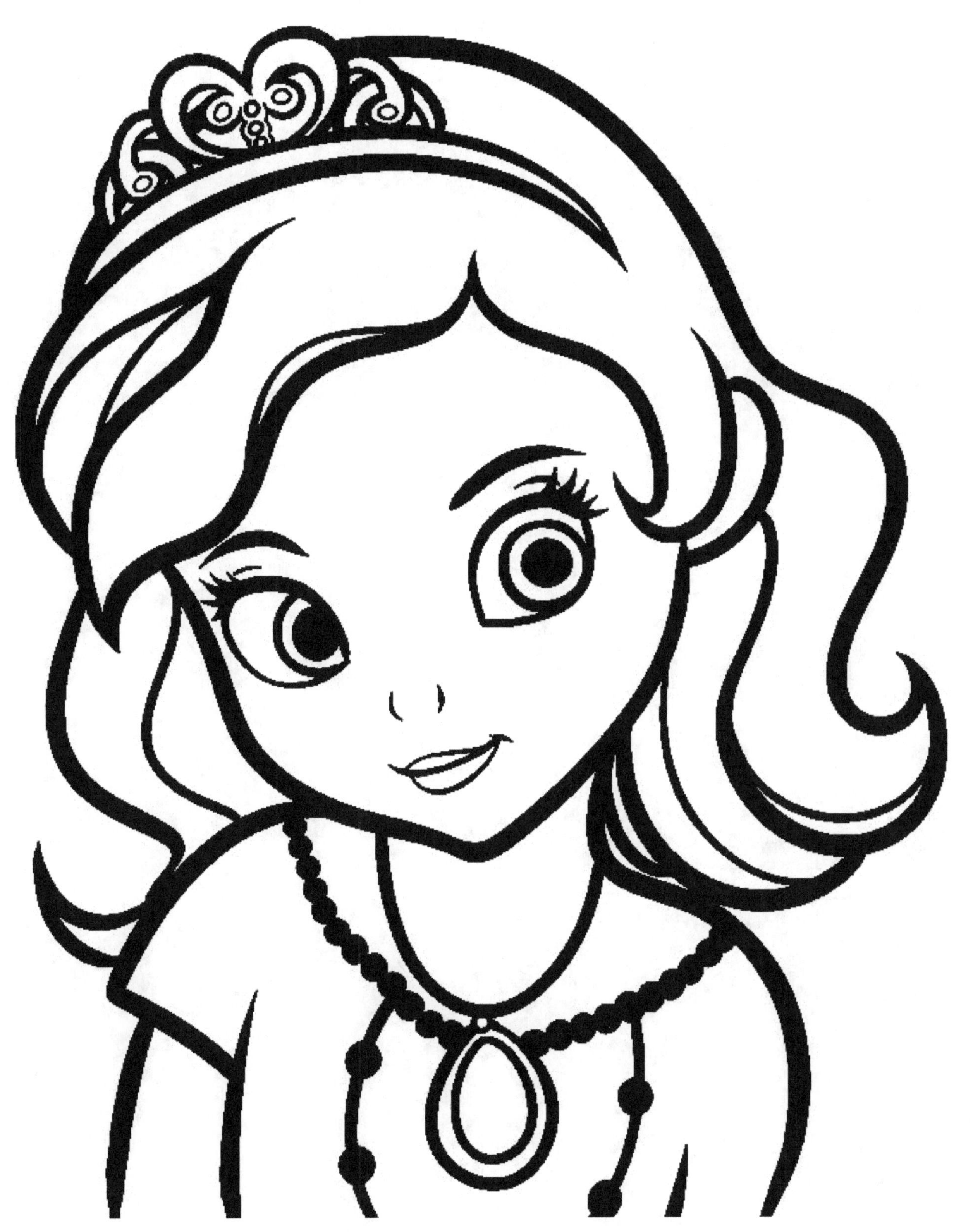

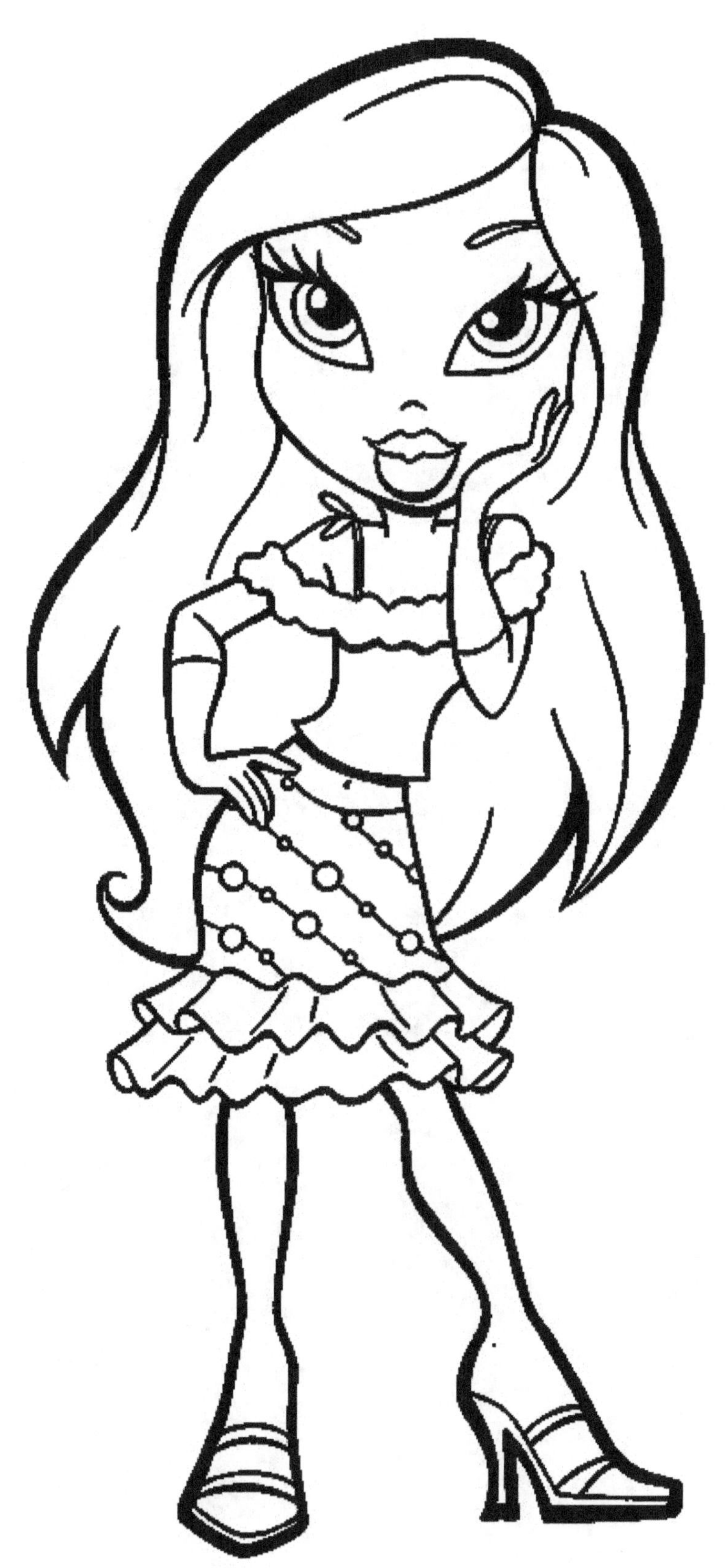

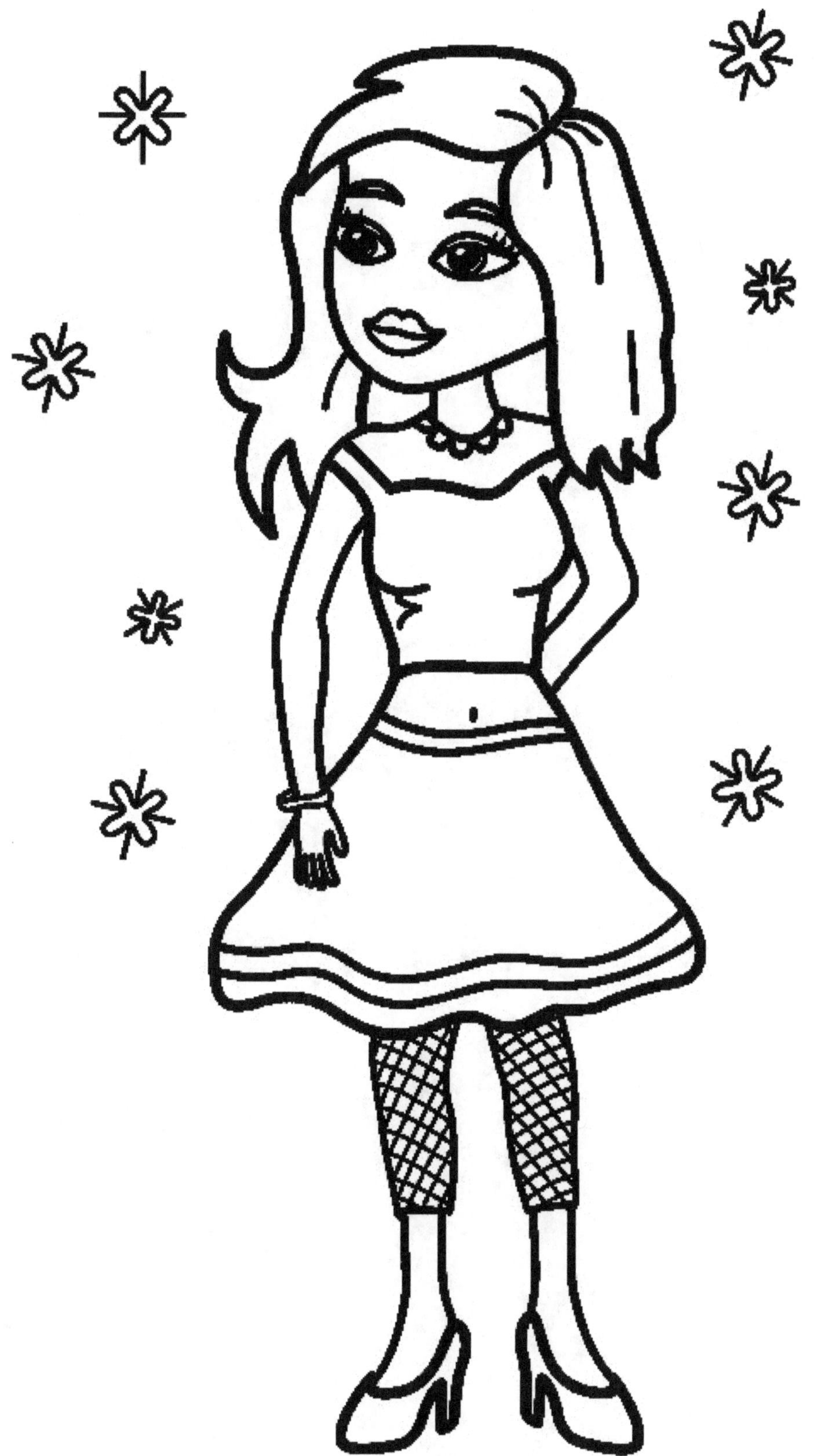

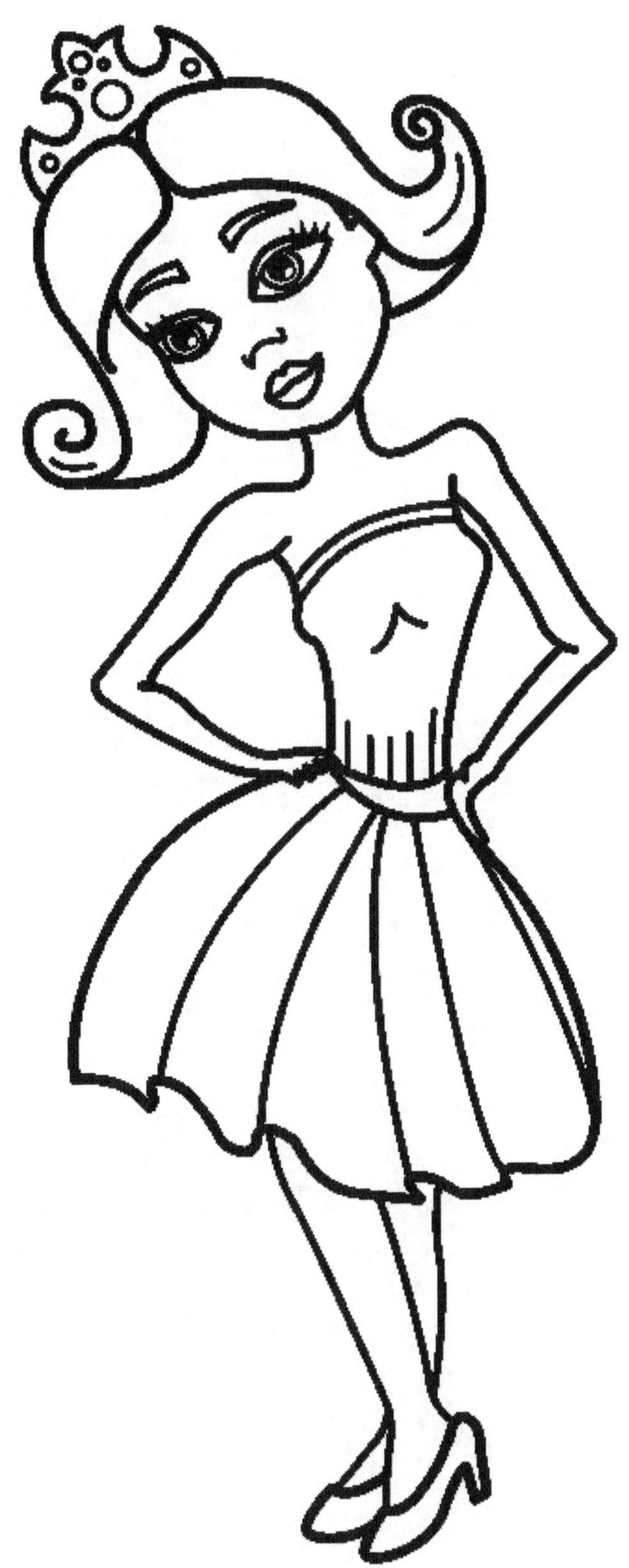

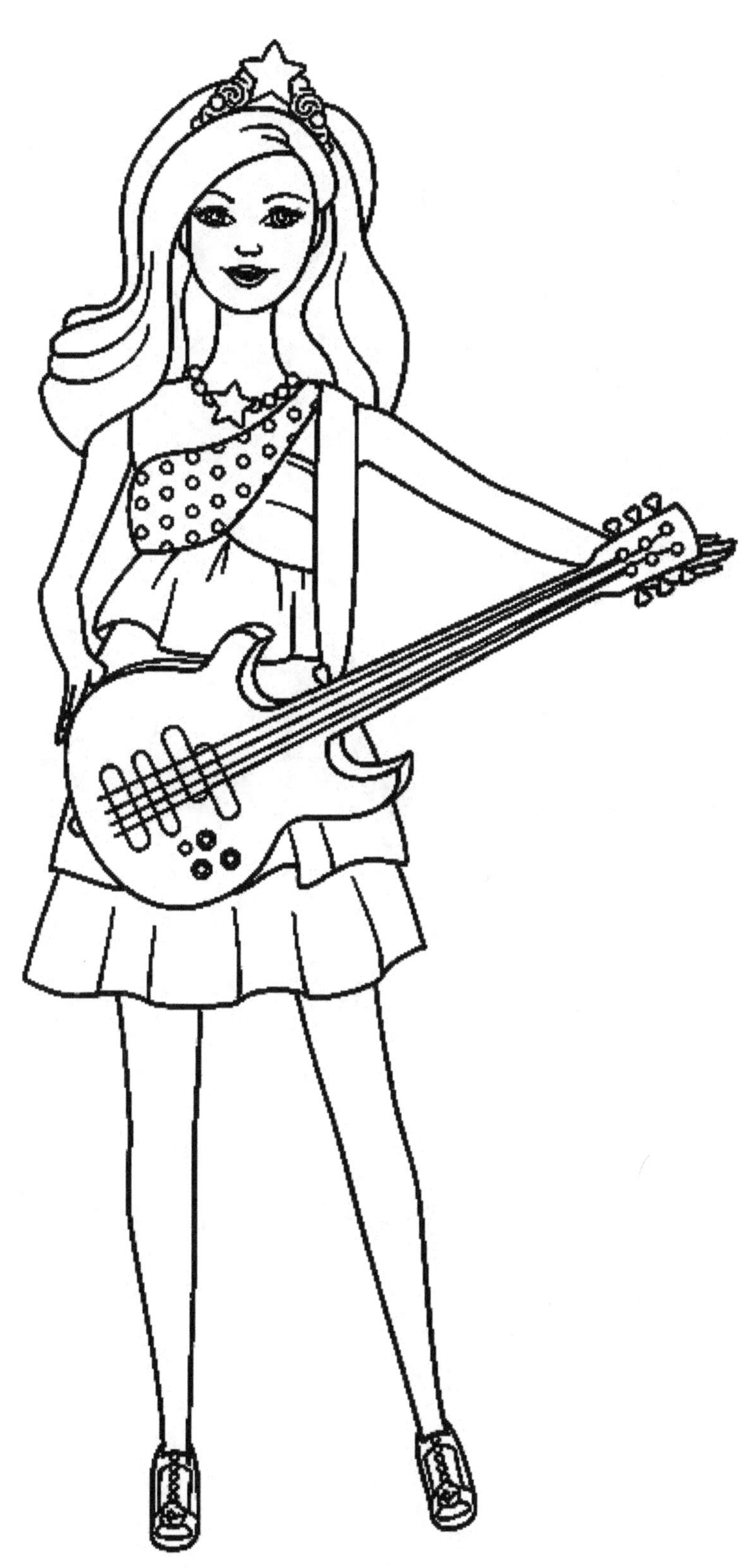

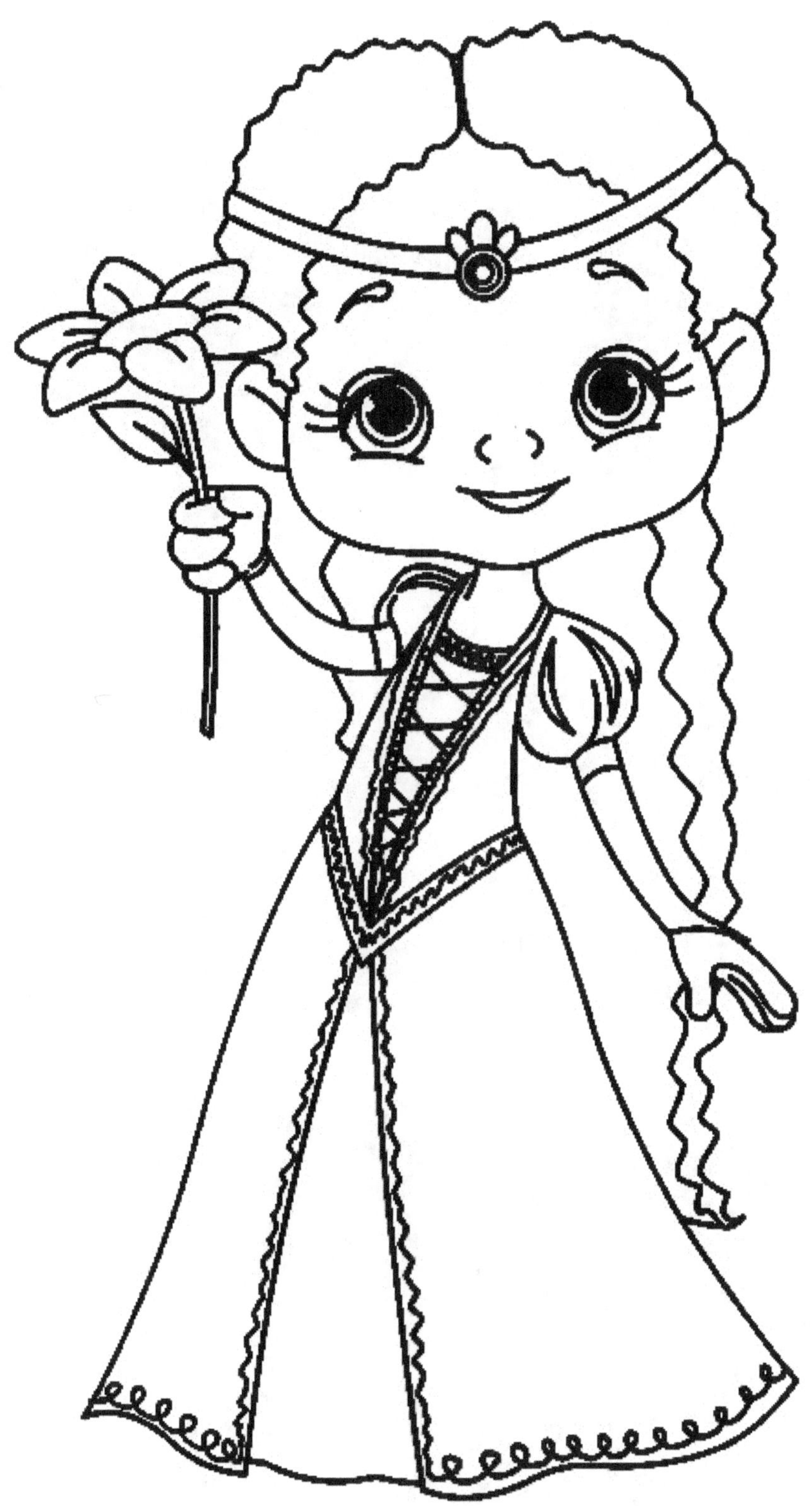

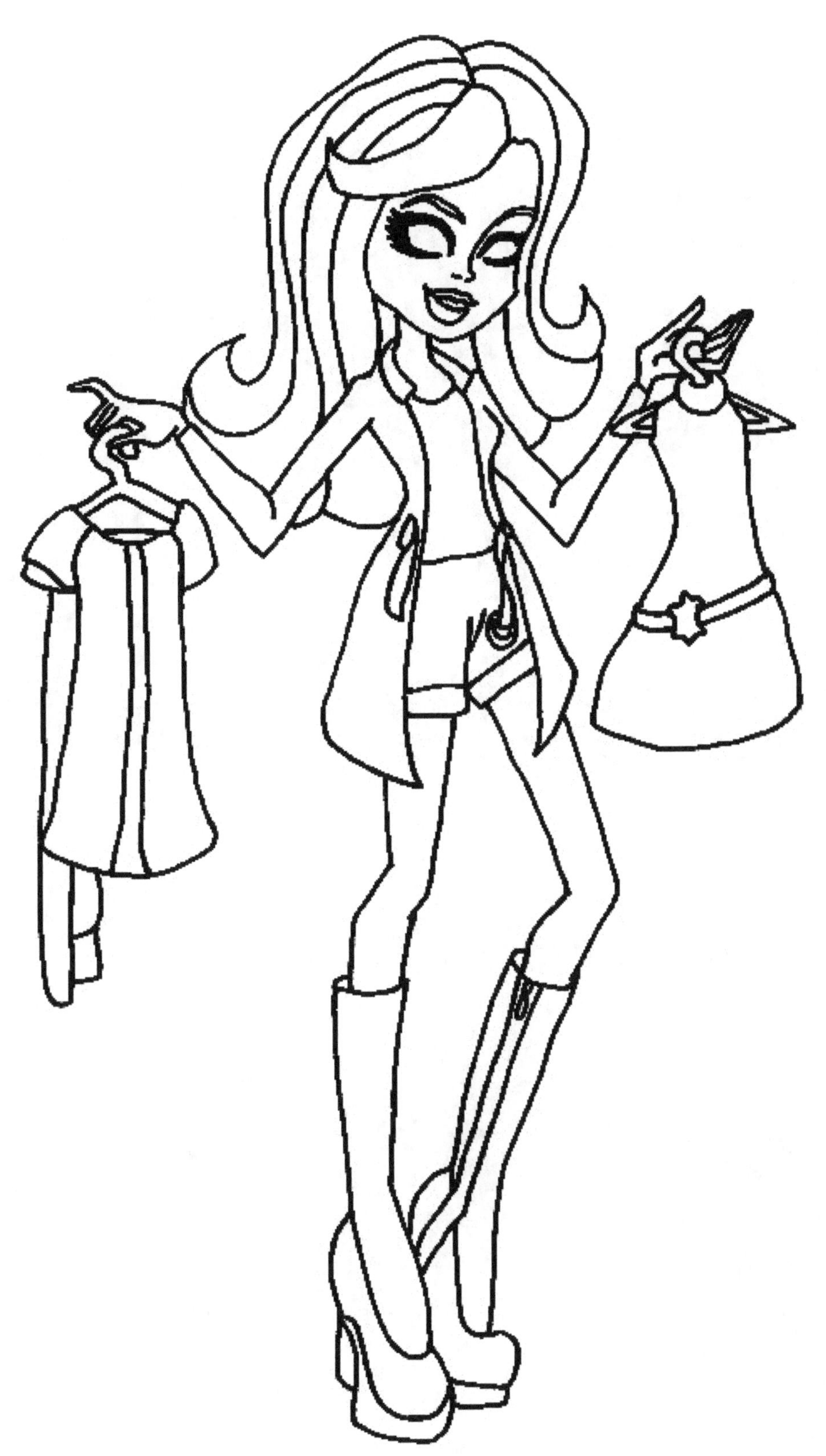

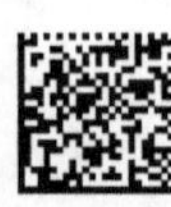

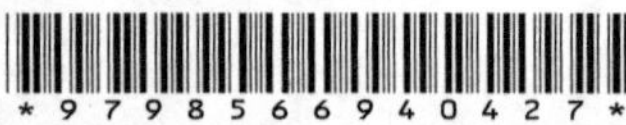
9 798566 940427